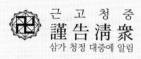

근 고 청 중
謹告淸衆
삼가 청정 대중에 알림

　생 사 사 대
1.生死事大 : 삶과 죽음이 가장 큰 일인데

　무 상 신 속
2.無常迅速 : 덧없는 세월은 빨리 가버리니

　촌 음 가 석
3.寸陰可惜 : 짧은 시간도 한껏 아끼며

　신 물 방 일
4.愼勿放逸 : 방심하고 게으르지 말라

보리방편문
菩提方便門

사회문화원

보리방편문 菩提方便門

1판 1쇄	2022년 10월 18일
1판 2쇄	2023년 11월 10일
책임편집	정진백
발 행 인	정태영
발 행 처	사회문화원
	출판등록 제 2016-000016호
인 쇄	라인
	광주광역시 동구 백서로125번길 21-1
	062)232-4747

값 15,000원

보리(진리)를
깨닫는

방편문

차례

菩提方便門

心은 虛空과 等할새 片雲隻影이 無한 廣大無邊한 虛空的心界를 觀하면서 淸淨法身인달하여 毘盧遮那佛을 念하고 此 虛空的心界에 超 日月의 金色光明을 帶한 無垢의 淨水가 充滿한 海象的性海를 觀하면서 圓滿報身인달하여 盧舍那佛을 念하고 內로 念起念滅의 無色衆生과 外로 日月星宿山河大地森羅萬象의 無情衆生와 人畜乃至蠢動含靈의 有情衆生와의 一切衆生을 性海無風金波自涌인 海中漚로 觀하면서 千百億化身인달하여 釋迦牟尼佛을 念하고 다시 彼 無量無邊의 淸空心界와 淨滿性海와 漚相衆生을 空性相一如의 一合相으로 通觀하면서 三身一佛인달하여 阿(化)彌(報)陀(法)佛을 常念하고 內外生滅相인 無數衆生의 無常諸行을 心隨萬境轉인달하여 彌陀의 一大行相으로 思惟觀察할지니라.

청화 큰스님께서 친히 쓰신 보리방편문(금타대화상지음)

8

보리를 깨닫는 방편문

마음은 허공과 같을새, 한 조각 구름이나 한 점 그림자도 없이, 크고 넓고 끝없는 허공 같은 마음 세계를 관찰하면서 청정법신인 비로자나불을 생각하고, 이러한 허공 같은 마음 세계에 해와 달을 초월하는 금색광명을 띤 한없이 맑은 물이 충만한 바다와 같은 성품 바다를 관찰하면서 원만보신인 노사나불을 생각하며, 안으로 생각이 일어나고 없어지는 형체 없는 중생과 밖으로 해와 달과 별과 산과 내와 대지 등 삼라만상의 뜻이 없는 중생과 또는 사람과 축생과 꿈틀거리는 뜻이 있는 중생 등의 모든 중생들을 금빛 성품 바다에 바람 없이 금빛 파도가 스스로 뛰노는 거품으로 관찰하면서 천백억 화신인 석가모니불을 생각하고, 다시 저 한량없고 끝없이 맑은 마음 세계와 청정하고 충만한 성품 바다와 물거품 같은 중생들을 공과 성품과 현상이 본래 다르지 않는 한결같다고 관찰하면서 법신, 보신, 화신의 삼신이 원래 한 부처인 아미타불을 항시 생각하면서, 안팎으로 일어나고 없어지는 모든 현상과 헤아릴 수 없는 중생의 덧없는 행동들을 마음이 만 가지로 굴러가는 아미타불의 위대한 행동 모습으로 생각하고 관찰할지니라.

청화 큰스님께서 해설하신 보리방편문

보리방편문
해설 1

보리방편문
해설 1

　우리가 아는 일입니다만, 인간은 누구나가 자기 안전을 구하고자 합니다. 그러나 인간의 사유 활동이 전개되면서 차근차근 발전된 뒤에는 "어떻게 하는 것이 바른 생활인 것인가?", 이와 같이 행복을 추구해왔습니다. 인류 문화사 이후에 행복을 추구하는 인간의 노력과 실패가 있었습니다만 모두가 다 행복을 추구하고, 안전을 추구하는 노력에 지나지 않습니다.

　그런데 어떻게 하면 인간이 행복할 것인가? 인간의 행위라는 것은 마땅히 먼저 행위를 할 수 있는 근거인 사유 체계가 필요할 것입니다. "어떻게 생각해야 할 것인가? 어떻게 생각하는 것이 바른 생각인 것인가? 또는 우리 인간의 본래는 어떤 것인가?"

　이런 문제에 관해서 불교는 불교대로, 기독교는 기독교대로, 또 현대 과학은 과학대로 여러 가지의 가르침이 있습니다. 그러나 석가모니가 가신 지 2500년의 세월이 흘렀습니다만 그런 가지가지의 사유 체계 가운데서 완전한 것을 볼 수가 없습니다. 그렇게 많은 사상 체계가 있다 하더라도 오늘날에 와서도 석가모니 부처님의 가르침을 다시 찾지 않을 수 없습니다. 부처님 가르침 외의 다른 가르침은 하나의 상대적인 대안적인 가르침이라, 완벽한 가르침이 못됩니다.

따라서 제가 오늘 말씀드리고자 하는 것도 부처님 가르침입니다. 즉 2500년 동안 온갖 비판을 다 거치고, 또는 여러 가지 사상 체계를 다 수용하고도 오히려 남음이 있는, 즉 "인간이 구하는 행복이라는 문제에 있어서 가장 명확한 해답을 내릴 수 있는 것이 부처님 가르침"이라는 확신이 서기 때문에 다시 한번 말씀을 드리고자 하는 것입니다.

주제는 보리방편문菩提方便門입니다. 보리방편문의 연원은 다시 말할 것도 없이 부처님의 가르침입니다만, 제2의 석가라 하는 용수보살의 저술 중에 『보리심론菩提心論』이라 하는 논장이 있습니다. 보리菩提는 아시는 바와 같이 참다운 진리, 즉 다시 말하면 방편적인 것을 떠난 참다운 최상의 진리, 이른바 우주만유 본래의 제일의적第一義的인 진리입니다. 따라서 보리심을, 즉 참다운 진리를 깨닫는 방편의 말씀이 용수보살의 『보리심론』에 있습니다.

그래서 오늘 말씀드릴 보리방편문은 『보리심론』에 근거하지만, 특히 금타대화상金陀大和尙께서 공부를 하셔서서 선정禪定 중에 전수받으신 법문이 중심입니다. 잘 납득이 안 가신 분들은 모르실 것이지만 선정이라 하는 것은 산란한 마음을 잠재우고서 마음을 참다운 본심자리에 딱 머물게 합니다. 즉 상대유한적인 생각은 다 쉬어버리고서 우주와 나와 둘이 아니라는 그런 경계가 딱 머무는 자리, 이것이 삼매三昧입니다. 이런 삼매에 들어가면 과거나 현재나 미래를 통틀어 알 수가 있는 것입니다.

우리 인간의 마음이라 하는 것은 이렇게 귀중하고 무한한 능력이 있는 것입니다. 현재뿐만이 아니라 과거 무수 세월 동안 지냈다 하더라도 불교적인 표현으로 하면 무시이래無始以來라, 한도 끝도 없는 오랜 과거도 알 수가 있는 것이고, 또는 한도 끝도 없는 무종無終이라, 끝도 가도 없는 미래도 알 수가 있는 것입니다. 이런 것이 삼매의 기운입니다.

삼매를 무시한 분들은 그냥 이러한 삼매 가운데 들어 있는 신통자재한 기운을 무시하기도 합니다만 이것은 부처님 경전에 있는 엄연한 사실입니다. 우리 인간의 능력이라는 것은 산란스러운 마음을 쉬고 상대유한적인 생각을 떠나서 영원적인 불생불멸하고 불구부정하고 또는 부증불감한 그런 참다운 인간성人間性·불성佛性·우주성宇宙性이 하나가 된다고 생각할 때 인간이라는 것은 부사의不思議한 힘을 낼 수가 있는 것입니다.

따라서 금타대화상께서 이러한 삼매에 들으셔서 제2의 석가라 하는 용수보살한테 직접 받은 수행방편문이 즉 보리방편문입니다. 따라서 어느 때는 상당히 비판도 받았습니다. "괜시리 복잡한 것을 내놓지 않았는가, 또는 이런 것이 과연 사실인 것인가?" 하는 정도로 여러 가지로 비판을 받았습니다만 오늘날 여러 석학들이나 불교에 대해서 공부를 하신 분들이 가치를 인정하니까 지금은 비판하는 분들이 거의 없습니다.

왜냐하면 부처님 8만4천 가르침 가운데서 가장 정수를 뽑아 놓았습니다. 그뿐만이 아니라 참선參禪 · 염불念佛 · 주문呪文과 같은 모든 수행법을 하나로 통합시켰습니다.

우리가 신앙 생활을 하더라도 현대사회에서는 체계가 있어야 합니다. 다종교 사회인지라, 다른 종교와의 구분을 명확히 할 수 있는 그런 체계가 아니고서는 바른 신앙을 가질 수가 없습니다.

그런데 보리방편문은 짤막한 법문으로 불교의 정수를 말하고 있고, 다른 종교보다도 훨씬 더 앞서 있는 것을 볼 수 있습니다. 금타대화상 말씀을 빌리면 "견성오도見性悟道의 첩경捷徑이라", 견성오도 하는 지름길입니다. 이것은 여러분들이 제 말씀을 들으시고서 나중에 공부를 하시면 느낄 수가 있을 것입니다.

보리방편문의 골격을 먼저 말씀드리는 것이 바른 순서가 되기 때문에 제가 먼저 보리방편문을 말씀드리기 전에 우선 부처님께서 말씀하신 가르침, 또는 그 뒤에 각 도인들이 부처님 말씀의 체계를 세워 놓으신 것을 말씀드리겠습니다. 오늘 짤막한 시간에 부처님의 방대한 가르침을 제가 다 말씀드릴 수는 없겠지요. 그러나 어느 누구나 납득할 수가 있고 꼭 알아야 될 그런 체계만 말씀을 드리겠습니다.

이른바 삼시교판三時敎判입니다. 이것은 각 도인이 나오면 도인들이 자기들의 견해에 따라서 자기들이 공부한 그런 정도에 따라서 부처님의 일대시교一代時敎, 석가모니 부처님께서 말씀하신 그런 가르침을 하나의 체계로 비판해서 묶었습니다.

가령, 한국의 원효스님 같으면 원효스님대로 자기가 부처님 가르침을 느낀 대로 비판해서 하나의 체계를 세웁니다. 또는 중국의 천태스님 같으면 천태스님 자기 나름대로 부처님의 일대시교, 부처님의 가르침을 비판해서 하나의 체계를 세웁니다.

삼시교판 이것은 부처님의 가르침을 형상적으로 구분을 세워서 비판한 것입니다. 또 더 구체화시키면 교상판석敎相判釋이라, 부처님의 가르침의 상相을 비판해서 해석한 것이 판석判釋입니다. 이것은 세 가지 시기로 부처님의 가르침을 비판해서 체계를 세웠습니다. 세 시기라 하는 것은 부처님 가르침의 차원 정도에 따라서, 깊고 옅은 정도에 따라서 세 가지 시기로 나누었습니다. 이 정도는 우리 불자님들이 꼭 알아두셔야 불교뿐 아니라 다른 종교나 철학을 비판할 때 굉장한 도움이 됩니다.

맨 처음에는 제일시교第一時敎라, 이것은 "제법실유諸法實有이나 인아人我의 공무空無를 밝히니라.", 제가 풀이해서 말씀드리겠습니다. 제법諸法이 예를 들어 하나의 산山이요, 내(川)요, 선善이요, 악惡이요, 또는 불교과학적으로 말하면 지地요·수水요·화火요·풍風이요 바람 기운이나 또는 물 기운이나 또는 흙 기운이나 또는 불 기운이나 그런 것이라든가 또는 인간세상, 인간이 볼 수 있는 유정有情·무정無情, 유상有相·무상無相 그런 법이 실제 있다고 합니다. 그런 제법이 실제로 있으나 "인아의 공무"라, 결국은 사람은 텅 비어서 없다는 가르침입니다.

우리는 부처님 가르침을 공부할 때 조금 더 비장한 각오가 필요합니다. 우선은 복을 빌고 자기가 잘되고 그런 차원에서는 부처님의 참다운 가르침을 깨닫지 못하는 것입니다. 물론 우리에게 여러 가지 기복적인 것도 필요합니다. 또 그런 것이 부처님 가르침 안에 분명히 있습니다만 부처님 가르침은 거기에 그치지 않습니다. 이기적인 자기 행복을 구하는 데 그치지 않는 것이 부처님 가르침입니다. 부처님 가르침은 과학도 초월하고 윤리도 초월해 있습니다. "인아의 공무"라, 사람이라는 것은 원래 비어 있습니다. 그러나 이 말은 인간의 상식을 떠나 있는 말입니다. "내가 분명히 있는데 내가 어째서 비어 있는 것인가?", 이렇게 우리가 의심을 품어야 합니다.

또는 이와 같이 고도한 부처님의 가르침에 대해서 우리가 소양이 없다고 생각할 때에는 다른 종교와 불교와의 한계도 모호해지고 마는 것입니다. 초기에 부처님께서 말씀하신 가르침 가운데도 벌써 "내가 원래 없다"는 아상我相이 없는 '무아無我'를 강조했습니다. 부처님 가르침에 무아란 말이 안 들어가면 불교가 못되는 것입니다.

여러분, 분명히 아셔야 됩니다. 아무리 자기가 좋다 하더라도 무아라는 것을 모르면 불교를 말할 자격이 없습니다. "어째서 무아인가?", 이것은 불교를 공부하며 신앙을 가지신 분들은 대체로 아십니다만 지수화풍地水火風 사대四大, 즉 땅 기운, 물 기운, 불 기운, 바람 기운 이러한 기운이 잠시간 우리 몸의 세포를 구성했습니다. 지금 식으로 말하면 산소·수소·탄소·질소 그 외의 여러 가지 원소가 그때그때 인연 따라 합해져서 우리 몸을 구성했습니다.

인연 따라서 구성됐기 때문에 인연 따라서 구성된 것은 그때그때 순간순간 변천합니다. 이른바 '전변무상轉變無常'이란 말입니다. 비록 사람 몸뿐만이 아니라 어떠한 것이나 인연 따라서 잠시간 합해진 것은 그때그때 변동합니다. 따라서 고유한 '나'라는 몸뚱아리가 사실은 있을 수가 없습니다. 초기의 부처님 가르침도, 이와 같이 '인아 무아'라, "사람이 원래 없다 하는, 사람 몸뚱아리가 우리 중생이 잘못 봐서 내가 있다고 하는 것이지 바로 본다고 생각할 때는 분명히 없다"고 했습니다. 이 도리를 아셔야 합니다.

"어째서 없는 것인가?", 그것은 산소나 수소나 탄소나 질소나 이런 각 원소가 인연 따라서 잠시간 합해 있기 때문입니다. 우리 세포가 합해 있어서 이것이 조금도 쉬지 않고 그때그때 변동합니다. 그렇기 때문에 고유한 '나'라는 것이 존재할 수가 없는 것입니다. 이와 같이 초기 불법에서도 "'나'라는 것은 원래 없는 것이지만 산소나 수소나 탄소나 질소나 지地나 수水나 화火나 풍風이나 산이나 내(川)나 이런 것은 있다"고 말씀했습니다.

"자기가 없다 사람이 없다", 이것만도 엄청나게 어려운 것인데 하물며 사람 몸을 구성한 원소인 바람 기운, 물 기운, 불 기운 그런 기운마저 없다고 생각할 때는 중생이 도저히 불교를 믿을 수가 없겠지요.

부처님께서 보리수하菩提樹下에서 성도하시고서 "내가 차라리 말을 하지 않아야겠다", 차라리 말씀을 않고 바로 열반涅槃에 들으시려고 마음을 먹으셨습니다. 왜냐하면 욕심에 가려지고 진심瞋心에 가려진 중생들이 천상천하에 둘도 없는 무상無常 진리를 알 수가 없기 때문입니다. "내가 말해 본댔자 업장 많은 중생들은 못 알아듣는다. 자기가 있다고 생각하고 고집하고 사는 사람들이 내 말을 곧이 듣지 않을 것이다. 또는 수긍한다 하더라도 지키지 못할 것이다. 차라리 그럴 바에는 나만 수고스러우니까 말을 하지 않아야겠다."

부처님께서는 성도成道하신 다음에 우주의 진리를 훤히 아셨습니다. "원래 나도 없고 너도 없고 천지우주가 모두 허망虛妄 무상하다. 인간 눈으로 보는 모든 것은 뜬 구름이요, 물거품 같다. 이렇게 진리를 말해도 모를 것이다."

그래서 그냥 열반에 드시려고 마음 먹었지만 범천梵天이라 하는 신장神將이 나와서 "세존이시여, 비록 일반 어리석은 대중은 모른다고 하더라도 그런 대중 가운데는 과거 선근善根이 많아서, 과거 전생부터 닦아온 사람이 많이 있어서 부처님의 어려운 법문도 알아 들을 것입니다. 그러니까 열반에 드시지 말고 법문을 설하십시오" 하고 간청을 드렸습니다.

부처님께서 간청을 들으시고 할 수 없이 가장 쉬운 법문으로 하신 법문이 '제일시교第一時敎'입니다. 사람은 원래 텅 빈 공空이어서 없는 것이지만, 산소·수소·질소와 같이 인간이 보는 객관은 있습니다. "우리 주관은 허망한 것이지만 객관은 존재한다.", 이런 정도의 가르침이 제일시교입니다.

부처님 육성 같은 『아함경阿含經』에 "지수화풍 사대가 잠시간 합해져서 우리 몸이 이루어졌지만 사람은 공무空無하다." 즉 "사람은 비어 있다"고 되어 있습니다.

우리 마음은 무엇인가? '나'라고 고집하는 마음, '너'라고 고집하는 마음 또는 '좋다', '궂다' 고집하는 마음, 그 마음은 무엇인가? 우리가 감수하고 상상하고, 의혹하고, 분별시비하고 이런 것이 모여서 우리 마음이 됐습니다. 이런 것들이 우리 마음이 됐지만 과연 그 마음이 어디에 있는 것인가? 좋은 마음, 궂은 마음, 남을 미워하는 마음, 남을 좋아하는 마음, 그 마음이 어디에 있는 것인가?

제2조 혜가스님께서 달마스님한테 가서 "제가 마음이 불안스럽습니다" 그러니까 달마스님께서 "불안한 마음을 내놔라" 했습니다. 제2조 혜가스님이 불안한 마음이 어디에 있는가 아무리 생각해 봐도 불안한 마음이 자취가 없습니다. 남 미워하면 미워하는 마음이 자취가 있습니까. 남 싫어하면 싫어하는 마음이 자취가 있습니까. 내가 아프면 아프다는 마음이 자취가 있습니까. 그런 마음이 어디에도 없습니다. 남을 좋아하는 마음, 남을 싫어하는 마음, 아프다는 마음, 그럼 마음이 흔적도 없습니다. 따라서 내 몸은 바람 기운, 또는 불 기운, 물 기운, 흙 기운, 지금으로 말하면 산소·수소·탄소·질소 등 여러 가지 원소가 합해졌기에 잠시간도 머물지 않습니다. 따라서 우리 몸도 다 비어 있지만 우리 마음도 역시 어디에도 흔적이 없습니다.

우리 중생이 업장에 가려 바로 못 보니까 '나'같은 사람이 있다고 생각합니다. 그러나 바로 보는 청정한 성자의 안목에서 본다고 생각할 때는 다만 세포만 빙빙 돌아서 화동하고 결합돼서 운동하고 있을 뿐입니다. 전자 현미경을 놓고 본다고 생각할 때는 전자나 양자가 그런 것이 결합돼서 운동하고 있을 뿐입니다.

그러면 부처님의 안목, 전자보다 더 세밀하고 우주의 본래면목本來面目을 볼 수 있는 부처님이 본다고 생각할 때는 어떻게 볼 것인가. 부처님이 본다고 생각할 때는 우주에 충만해 있는 불성佛性기운이 인연 따라서 잠시간 운동하고 있습니다. 산이나 내(川)나 사람이나 어떤 것이나 모두 다 광명의 불성 기운이 잠시간 활동하고 있는 것이 나요 너요, 또는 산이요 내요, 일체 존재인 것입니다.

우리는 우리가 보는 견해가 옳지 않다는 것을 알아야 합니다. 우리 중생은 전도몽상顚倒夢想이라, 거꾸로 꿈속에서 보는 것입니다. 그것을 알아야 꿈이 아닌 참다운 깨달음의 불교를 알 수가 있는 것입니다.

부처님께서는 맨 처음에는 제일시교第一時敎라 해서 "사람은 비록 무아無我라 해서 공空했지만 산소나 수소나 질소나 선善이나 악惡이나 일반 중생이 말한 그런 객관은 있다", 이렇게 말씀하셨습니다. 하지만 이것은 중생이 너무나 허무할까 봐서 그러한 것입니다. 일반 중생들은 자기와 자기 권속, 자기 재산이 제일 중요한데 없다고 하면 몹시 허무를 느껴 버립니다. 따라서 부처님께서 그냥 깊은 도를 한 번에 말씀을 못했습니다. 그래서 우선 "사람은 비록 공하다 하더라도 선이나, 악이나 그런 것은 존재한다. 산소요 수소요 그런 것은 참으로 있다"라고 말씀하셨습니다.

현대 물리학자에게 "산소나 수소나 그런 것이 참말로 있다"고 하면 역시 그분들이 회의를 품으실 것입니다. 다만 양성자·중성자 그런 것이 모여서 활동하는 것, 운동하는 것을 가리켜서 전자, 양자 그러는 것이지 "산소나 수소나 그런 것이 실제로 있지 않다"는 말입니다. 중성자나 또는 전자나 그런 것의 결합 여하에 따라서 산소·수소·질소 그러는 것이지 산소면 산소가 따로 있는 것도 아니고 수소면 수소가 고유하게 있는 것도 아닙니다. 다만 어느 순간 그런 상황을 볼 뿐이란 말입니다. 모든 것이 다 무상한지라 하나의 과정에 불과합니다. 전자도 과정에 불과하고, 중성자도 과정에 불과합니다. 어떤 것이나 모두가 다 지나가는 과정에 불과합니다. 변천하는 과정에 불과합니다. 그러기에 제행무상諸行無常인 것입니다.

소승小乘이라 하는 것은 "내가 원래 없지만 일반 객관은 존재한다", 그것이 소승입니다. 그러나 소승은 부처님께서 하고 싶은 법문의 참다운 내용은 못됩니다. 그래서 중생들의 근기가 좀 높아져서 조금 더 총명해질 때는 제이시교第二時教를 말씀하셨습니다. 부처님께서는 "일체 만법이 다 비어 있다"는 일체개공一切皆空의 길을 밝혔습니다.

이런 것이 우리가 항시 독송하는 『반야심경般若心經』이나 또는 『금강경金剛經』이나 『유마경維摩經』의 도리입니다. "모두가 다 비어 있다"는 말입니다. 사람만 무아無我가 아니라 우리가 보는 객관 세계, 하늘에 있는 별이나 또는 어떤 것이나 모두가 다 비어 있습니다.

사실 "비어 있다"는 정도는 현대물리학도 증명을 하는 것입니다. 그러나 물리학이 없었던 옛날에는 정말로 제법공諸法空이라 하는 그런 도리를 알기가 굉장히 어려웠을 것입니다. 옛날뿐만 아니라, 설사 물리학을 배웠다 하더라도 "분석해서 들어가면 텅텅 비어 버린다. 물질은 비어서 에너지만 남는다"는 것을 설사 안다 하더라도 "모두가 비어 있다"라는 말을 하면 굉장히 허무감을 느낍니다. "무엇인가 있어야 할 것인데 왜 비었는가. 내가 분명히 있고, 내가 좋아하는 사람도 있고, 내가 미워하는 사람도 있는 것인데 왜 비었다는 것인가", 이렇게 의단疑團을 품습니다.

그러나 진리는 진리입니다. 또는 진리가 아니면 인간이 구하는 행복이라든가 참다운 자유, 참다운 평등, 참다운 민주화도 얻을 수가 없습니다. 우리가 지금 민주화를 부르고 참다운 자유를 부르짖지만, 사실 그런 것은 모두가 다 진리를 따라야 얻을 수가 있는 것인데 진리를 따르지 못하면 얻을 수가 없는 것입니다.

그 "진리는 무엇인가?" 우선 "내가 비었다는 도리"를 알아야 합니다. 또는 그와 동시에 "우리 객관이 다 비어 있다."는 것을 알아야 합니다.

우리 중생의 몸은 말하자면 지수화풍地水火風 사대四大로 구성되어 있습니다. 현대 용어로 하면 산소나 수소나 질소의 각 원소가 인연 따라서 결합돼서 하나의 세포가 됩니다. 그렇다면 산소나 수소나 질소나 그런 것은 과연 있는 것인가.

부처님 법문에 따르면 지수화풍 사대, 즉 "지, 땅 기운도 불가득不可得이라" 얻을 수가 없고 또는 "수, 물 기운도 불가득이라" 물 기운도 얻을 수가 없고 "풍, 바람 기운도 역시 불가득이라" 얻을 수가 없고 어떤 질료도 얻을 수가 없습니다. 어떤 것도 다 부처님 도리에서 본다고 생각할 때는 얻을 수가 없습니다. 『금강경』에 보면 "과거심불가득過去心不可得이라", 과거도 얻을 수가 없고 또는 "현재심불가득現在心不可得이라", 현재도 얻을 수가 없고 "미래심불가득未來心不可得이라", 미래도 얻을 수가 없습니다. 우리 중생이 하나의 물질을 중심으로 해서 물질이 변화되는 과정 따라서 지나가면 과거요, 아직 오지 않은 것은 미래라고 하지만 사실은 그러한 공간적인 물질을 떠나 버리면 과거나 현재나 미래는 없습니다. 제가 이렇게 어렵게 말씀드리는 이유는 금타대화상의 보리방편문을 설명할 때 이런 선행적인 지식을 알지 못하면 보리방편문을 제대로 이해하기 어렵기 때문에 말씀을 드리는 것입니다.

아무튼 부처님께서 말씀하신 제일시교第一時教는 우리 중생에게 결국은 "나는 무아無我인 것이다. 그러나 대상은 있다", 이런 정도로 말씀하셨고, 그 다음 제이시교第二時教에서는 "나만, 우리 주관만 공空이 아니라 객관적인 모두가 다 텅텅 비어 있다. 이른바 제법공諸法空이다" 라고 말씀하셨습니다. 『반야심경』식으로 말하면 "오온개공五蘊皆空이라", 오온五蘊이라 하는 것은 물질과 정신이 오온 아닙니까. 그런 오온이 다 비어 있습니다. 오온개공을 잘 모르면 『반야심경』을 잘 모르는 것입니다. 오온이 다 비었음을 비추어 봐야만 "도일체고액度一切苦厄이라", 인생고人生苦를 구제할 수 있습니다. 우리는 인생고를 떠나서 참다운 행복을 구하지만, 오온개공을 모르면 연목구어緣木求魚입니다. 나무에서 고기를 구하는 것입니다. 진리를 떠나서는 참다운 자유도, 참다운 행복도 없습니다. 꼭 진리만이 우리를 자유롭게 하고 참다운 인생의 복지를 약속하는 것입니다.

이와 같이 부처님 도리로 볼 때 "다 비어 있다"는 말입니다. 어째서 비어 있는 것입니까? 인연 따라서 잠시간 합해 있기 때문입니다. 하나의 산소도 역시 중성자·양성자가 적당히 합해 있습니다. 중성자·양성자가 몇 개 합해 있는가에 따라서 산소·질소·탄소 그런 구분이 있습니다. 이것을 떠나서는 산소나 탄소나 질소나 그런 것이 없습니다. 이것도 인연 따라서 잠시간 합해 있습니다. 그러면 전자나 중성자나 양성자나 그것은 무엇인가? 전자나 양성자나 중성자나 역시 에너지의 하나의 진동에 불과한 것이지 이것도 고유한 것은 아닙니다.

따라서 일체 모든 것은 에너지라 하는, 우주의 정기라고 하는 그것으로 다 돌아가고 마는 것입니다. 즉 우주의 정기, 에너지만 존재하는 것이지 인간이 볼 수 있는 현상적인 것은 모두가 다 에너지의 적당한 결합, 적당한 활동, 적당한 운동에 불과합니다. 사실은 그렇게 모두가 텅텅 비어 있습니다. 따라서 현대물리학이 증명은 못했다 하더라도, 우선 유추해서 "일체만유一切萬有가 다 비어 있다"는 소식은 아는 것입니다.

불교가 아니더라도 "모두는 비어 있다. 나도 비어 있고 그야말로 너도 비어 있고, 일체만유는 다 에너지뿐이다. 모두가 에너지의 활동뿐이다.", 이와 같이 아는 것이 현대물리학입니다. 그러나 그런 물리학자는 이렇게 유추하고 분석을 통해서 알 수 있지만 정말로 공空도리를 체험하기는 어렵습니다.

보살菩薩이라 하는 것은 공부를 해서, 자기 몸도 환경도 텅텅 비어버린 것을 체험합니다. 이른바 우리가 참선參禪도 많이 하고, 염불念佛도 많이 해서 마음이 통일이 딱 되면 욕심이 줄어지고, 진심瞋心이 줄어지고, 이렇게 가다가 번뇌煩惱가 딱 녹아지면 정말로 텅텅 비어버립니다. 이렇게 되면 주관도 공이요 객관도 공이요, 다 공인 소식을 공부를 해서 알 수가 있습니다. 자기라 하는 것이 이른바 죽음도 떠나는 것이고, 다 떠나는 것입니다. 이른바 항시 영원의 자리에 있습니다.

이와 같이 제이시교에서는 모두가 공한 도리, 『반야심경』에서는 제법공諸法空의 도리를 말했습니다. 그러나 다만 공으로만 생각하면 우리 불교는 너무나 허망합니다. 그렇다면 석가모니께서 우리한테 애쓰고 말씀하실 필요도 없었습니다. 공이 아닌 무엇인가 있습니다.

비록 공이지만, 비록 우리가 보는 것은 허망하고 실존이 아니지만 무엇인가 있기 때문에 결국은 인연이 있으면 사람이 생기고 무엇이 생기고 합니다.

우리가 엄밀히 본다고 생각할 때에, 우리가 보는 대로는 아니라 하더라도 무엇인가 잠시간 과정적이나마 가짜는 있습니다. 그걸보고 '가아假我'라, '거짓 가假'자 '나 아我'자 가아라 합니다. 우리 중생이 보는 망령된 나, 내가 김 아무개 박 아무개 하는 그런 '나'는 사실은 존재할 수가 없습니다. 그러나 무엇인가는 있습니다. 이른바 잠시간 있는 '나'는 분명히 있습니다.

그러면 무엇을 근거로 하는 것인가, 우주의 정기를 불교적인 표현으로 하면 불성佛性입니다. 현대적인 말로 하면 에너지가 되겠지요. 물질이 다 텅텅 비어서 우주가 파괴되더라도 에너지만은 존재합니다. 나중에 다시 에너지의 활동으로 해서 우주가 생성되는 것입니다.

불교는 그와 같은 도리를 분명히 말했습니다. 우주가 파괴되면 괴겁壞劫입니다. 우주가 텅텅 비어서 그야말로 "허공무일물虛空無一物이라", 텅텅 빈 공겁空劫이 됩니다. 공겁이 된 뒤에는 다시 거기서 순수한 생명이 우주를 생성시킵니다. 불교에서는 이렇게 우주생성원리까지 다 풀이를 했습니다. 그런데 그러한 물질은 다 비어 버린다 하더라도, 우리가 보는 그런 허망한 것은 없어진다 하더라도 참말로 있는 것은 불성이고 또는 순수에너지입니다.

그것을 말하는 것이 제삼시교第三時教입니다. "본래무일물本來無一物이라, 모두가 다 비었다" 하는 주관도 비고 객관도 비었다 하는 그런 공에 집착하는 것과 또는 소승小乘은 없는 것을 있다고 보는데, 객관이 없는 것인데 일반 소승은 있다고 봅니다. 소승의 그런 유집有執을, 있다고 집착하는 것을 다 아울러서 우리가 부정하기 위해서 비공비유非空非有라, 비어 있지도 않고 있지도 않고 말입니다. 우리 중생이 보는 대로 있지 않고, 또는 소승이 보는 대로 아직 낮은 보살이 보는 대로 해서 비어 있지도 않습니다. 정말로 비어 있지 않고, 정말로 있지도 않은 참다운 중도中道를 밝혔습니다.

이와 같이 "중도실상中道實相이라", 중도를 밝힌 것이 부처님께서 우리에게 하고 싶은 마지막 말인 것입니다. 우리는 부처님께서 우리에게 하고 싶은 마지막 말, 이것을 꼭 취해야 할 것입니다. "있다" 하는 것도, 또는 "비었다" 하는 것도 우리는 다 취해서는 안 됩니다. 비어 있지도 않고 있지도 않고 말입니다.

참다운 것, 영생永生으로 존재하는 또는 시간과 공간과 모두를 다 떠나서 항시 있는 에너지같이 우주가 다 파괴되어 버린다 하더라도 에너지 불멸이라, 에너지는 우주에 항시 있습니다. 따라서 깨달은 분들은 생사를 떠나서 모두를 다 떠나서 항시 있는 영원히 존재하는 그러한 중도실상의 불성을 보는 것이고 거기에 안주하는 것입니다. 그러기에 죽음도 없고 또는 여러 가지 불행도 없는 것입니다.

우리는 이와 같이 선행적으로 부처님 가르침을 세 차원으로 나누어서 검토를 해 보았습니다. 가장 낮은 차원은 제일시교第一時敎로 "나는 허망하고 그림자 같지만 객관적인 사물은 존재한다"는 말씀이고, 그 다음 제이시교第二時敎로 "나도 비어 있고 허망하지만 결국 객관도 모두가 텅텅 비어 있다"라고 말씀했습니다. 제삼시교에서는 "주관도 객관도 다 비어 있고 참으로 존재하는 진짜 내가 있다"라고 말씀했습니다. '참다운 나'를 발견하는 것이 부처님께서 우리한테 가르치신 '참다운 가르침'입니다.

『법화경法華經』을 보면 부처님께서 사바세계娑婆世界에 나오신 뜻이 무엇인가를 알 수 있습니다. 무상대도無上大道를, 어디에도 치우치지 않은 중도의 대도大道를 우리 중생이 알고 느끼고 깨달아서 자기 것으로 하기 위해서 부처님께서 오셨습니다. 따라서 우리 불자님들도, 마땅히 '중도中道'라고 하신 부처님의 마지막 법문을 꼭 느끼고 아셔야만이 참다운 해탈과 참다운 행복이 있다는 것을 느낄 수가 있습니다.

보리방편문의 골격을 제가 간추려서 여기에 도식으로 표시했습니다. 이 보리방편문은 한마디로 우리 "마음이 바로 부처"임을 말씀했습니다. 이른바 불교 한문으로 말하면 "심즉시불心卽是佛이라, 마음이 바로 부처"란 말입니다. "마음이 바로 부처"인 것을 말씀한 것이 보리방편문 줄거리의 골격입니다. 따라서 조금 복잡하게 이론 전개가되어 있고, 법문이 상당히 길지만 결국 "심즉시불이라, 마음이 바로부처"임을 말씀했습니다. 이것이 방편문의 대의입니다.

분석해 놓고 보면 불심佛心과 중생심衆生心은 둘이 아닙니다. 나쁜사람 마음이나 좋은 사람 마음이나 겉만 다르고 표면만 다른 것이지속의 알맹이는 똑같은 것입니다. 석가모니 마음이나 예수 마음이나공자 마음이나 마음의 깊이는 똑같은 것입니다. 우리 중생의 마음도계발 정도에 따라서 그 차이만 있습니다.

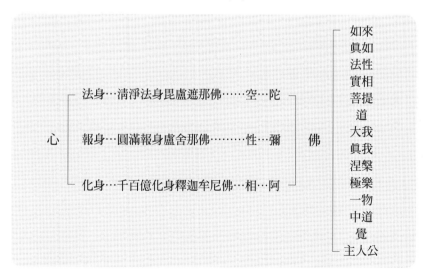

따라서 만물이 나와 더불어 둘이 아니고 일체중생이 나와 더불어서 원래 하나입니다. 이것은 불교뿐만 아니라 유교나 도교도 이런 말씀을 했습니다. 만물이 나와 더불어서 둘이 아니고, 일체중생이 나와 더불어서 하나란 말입니다. 이것을 먼저 알아야 하는 것입니다. 이걸 안다고 생각할 때에는 자기만 잘되기 위해서 남을 구박할 수가 없습니다.

따라서 어느 사람 마음이나 모두가 다 바로 부처입니다. 한계나 간격이 있는 것이 아니라 김씨 마음이나 박씨 마음이나, 또는 공부를 한 사람 마음이나, 누구 마음이나 모두가 다 간격도 없이 바로 부처입니다. 이렇게 생각할 때는 "나같이 못나고 업장 많은 사람이 왜 부처일 것인가" 하고 의심을 갖겠지요.

그러나 그것은 우리 중생이 어두워서 즉 무명심無明心이기 때문입니다. 무명無明이란 말은 굉장히 소중한 표현입니다. 밝지 않습니다. 우리한테 있는 원래 불성佛性, 부처님 마음은 훤히 밝아서 우주를 다 비추는 것인데 우리 중생은 업장에 가려서 밝지 않기 때문에 내 마음을 내가 다 모릅니다. 무명 때문에 몰라서 그런 것이지 잘나나 못나나 좀 덜 배우나 많이 배우나 모두가 다 "마음이 바로 부처"입니다.

그러기에 "심즉시불心卽是佛이라, 마음이 부처"인 것인데 그 마음 자리를 바로 부처라 하면 너무 싱겁고 또 부처님 가르침이 하도 복잡하니까 부처님 경전 따라서 조금 더 해설을 해야 하겠지요. 그 중 가장 체계적으로 한 해설이 보리방편문 해설입니다.

우리 마음의 근본 본체를 법신法身이라 합니다. 또 그것을 불교적인 표현으로 말하면 '청정법신淸淨法身 비로자나불毘盧遮那佛'입니다. 해석은 불경에 있는 법문입니다. 따라서 보리방편문은 불경에 있는 그런 귀중한 술어를 많이 원용援用했습니다. 그렇게 해야만 상관성있게 이해할 수가 있겠지요. 우리 마음의 근본 체성體性, 본체를 법신이라 하는 것이고, 조금 더 구체화시켜서 말하면 청정법신 비로자나불입니다.

'대일여래大日如來'의 뜻은 무엇인가 하면 우주를 훤히 비추고 있는 광명이란 뜻입니다. 대일여래라는 것은 '큰 대大'자 '날 일日'자, 이런 태양 같은 광명이 아니라 몇천 배 몇만 배나 더 밝은 우주의 광명, 우주의 생명을 대일여래라고 하는 것입니다. 덧붙여 말하면 광명변조光明遍照라, 태양보다 훨씬 더 밝은 광대무변한 광명의 부처란 뜻입니다.

우리 마음에 있는 본체성은 광명변조라, 우주에 광명이 꽉 차있습니다. 잘나나 못나나 미련한 사람이나 벙어리나 모두가 다 우리 마음의 본래 마음자리는 다 천지우주에 꽉 차있는 광명입니다. 다만 우리 중생은 미처 못 보는 것이고 성자는 분명히 거기에 하나가 됐습니다.

그런 청정법신자리, 우리 마음의 본체자리에 들어 있는 자비나 지혜나 일체 공덕을 보신報身이라 합니다. 우리 인간성의 본바탕뿐만이 아니라 일체 존재를 다 말하는 것입니다. 불교를 조금 더 보편적으로 얘기하지 않고서 협소하게 말하는 사람들은 "법신法身은 사람만의 본체다", 이렇게 말할지 모르겠지만 부처님 뜻은 그렇게 좁지 않습니다. 유정有情·무정無情, 유상有相·무상無相 일체 존재를 말한 것입니다. 산이나 내(川)나 물질이나 모든 존재들의 가장 근본이 되는 본체를 법신이라 합니다.

또한 그 법신 속에 들어있는 모든 공덕功德, 지혜나 자비나 능력이나 일체의 가능성을 보신이라 합니다. 이것을 보다 더 구체화시키면 '원만보신圓滿報身 노사나불盧舍那佛'이라 합니다. 이것을 또 달리 말하면 정만성해淨滿性海, 즉 일체 공덕이 갖춰져 있는 성품의 바다와 같습니다.

보리방편문은 이렇게 굉장히 고도한 체계를 갖추고 있습니다. 다시 말하면 8만4천 법문 가운데 가장 어렵고 중요한 것이지만, 사실은 꼭 우리가 알아 두어야 합니다. "현대 과학보다도 불교가 어째서 앞서는 것인가" 또는 "같은 불교 내에도 어떠한 것이 부처님 가르침 가운데서도 가장 골수인 것인가", 이것을 알아야 합니다.

이렇게 아는 것은 좋은 아버지 좋은 어머니 또는 좋은 스승이 되기 위해서 꼭 필요한 것입니다. 다종교 사회 가운데서 불교가 으뜸가는 그런 의의 또는 과학이 도리어 주인이 되어 있고 인간이 끌려가는 현대에 있어서 불교가 과학보다 더 앞서 있다는 증거를 알아야 하기 때문에 이런 법문은 꼭 필요한 것입니다.

인생과 우주의 모든 존재의 근본이 법신인 것이고 또 그 법신에 포함되어 있는 일체 공덕이 보신입니다. 또 거기에서 우러난 현상적인 것은 모두가 화신化身입니다.

법신·보신·화신, 이것을 잘 외워 두십시오. 오늘 보리방편문을 가져가셔서 천 번 만 번 보시면 굉장히 큰 도움이 되실 것입니다. 금생뿐 아니라 세세생생에 큰 보배가 될 것입니다. 나중에 꼭 그렇게 아실 때가 있으실 것입니다.

법신 이것은 인생과 우주의 본래자리입니다. 순수생명자리, 이것이 법신인 것입니다. 순수생명자리, 법신에 모든 공덕·지혜·능력·자비·행복 일체가 다 들어 있습니다. 불교적인 표현으로 하면 "일만공덕一萬功德이 원만구족圓滿具足이라", 많은 공덕이 원만히 갖추어져 있습니다. 이것이 보신입니다. 또는 그 자리에서 산이요 내(川)요 사람이요 또는 일체 중생이 나옵니다. 그래서 현상적인 모든 것은 화신입니다. 이와 같이 불교 가르침은 우주에 통틀어 있습니다. 따라서 우리 인간도 화신자리에서는, 현상적인 형상화된 자리에서는 조그마한 인간밖에 안 되지만 우리 마음 깊이에서는 결국 보신·법신자리가 다 똑같습니다. 이것을 아셔야 합니다.

무변대해無邊大海에서 천파만파, 수없이 많은 파도가 일어납니다. 또는 천 개 만 개 또는 몇십억의 거품이 일어납니다. 따라서 그 거품이나 파도는 높고 낮고 거품도 적고 크고 하겠지요. 그런 차이가 있는 것과 마찬가지로 진리의 바다도 그렇습니다. 우주란 것은 법신이라 하는 순수한 생명으로 충만해 있습니다. 순수한 생명은 그냥 아무것도 없는 텅 빈 것이 아니라, 일체 공덕을, 행복이나 자비나 지혜를 다 갖추고 있습니다. 일체 진리와 일체 공덕이 다 들어 있는 바다 가운데서 일어나는 존재가 사람이요 하늘에 있는 별이요 산입니다. 그런 가운데 우리가 있습니다.

따라서 우리 고향은 법신이고 보신입니다. 법신·보신은 영원히 변동이 없습니다. 불생불멸不生不滅하고 불구부정不垢不淨하고 부증불감不增不減이라, 더함도 없고 덜함도 없고 또는 낳지도 않고 죽지도 않습니다. 또는 더럽지 않고 청정하지 않고 영원히 존재하는 에너지의 세계가 법신·보신입니다.

이 자리에 갖추어져 있는 여러 가지 인연의 힘을 인연력因緣力이라 합니다. 부처님 말씀으로 하면 무시이래無始以來의 인연력입니다. 부처님 법문이라는 것은 그야말로 심심미묘합니다. 우주에 갖추어져 있는 인연의 힘으로 해서 산하대지 삼라만상이 나옵니다. 이것도 보다 세밀한 해석이 있습니다만 전문적인 자리가 아니기 때문에 간단히 말씀드립니다. 아무튼 이와 같이 보리방편문의 지혜는 비단 자기뿐만이 아니라 일체 우주를 다 통괄해 있습니다.

내 마음을 파고 들어가도 법신·보신·화신인 것입니다. 하나의 원소나 어떤 것이나 모든 게 파고 들어가면 역시 다 보신이고 화신인 것입니다. 다만 현상적인 차이에서만 강씨·박씨·이씨의 차이가 있는 것이고, 두두물물로 현상의 차이가 있습니다만 보신·법신 차원에서는 모두가 하나란 말입니다. 따라서 모두가 하나인 자리를 훤히 보는 성자가 자기만 위하고 남을 학대할 수가 있겠습니까. 우리 중생은 화신 경계에, 현상적인 세계에 얽매인 것이고, 성자는 보신·법신을 훤히 봐서 말이나 행동을 보신報身·법신法身에 입각해서 하는 것입니다.

이와 같이 법신·보신·화신化身을 합한 것이 바로 부처입니다. 법신만도 부처가 아닌 것이고, 또는 보신만도 부처가 아닌 것이고 현상이나 실상實相이나, 절대나 상대를 모두 합해서 부처란 말입니다. 따라서 우주가 바로 부처입니다. 석가모니 부처님은 우주의 진리를 깨달아서 우주와 하나가 된 분이십니다. 석가모니 부처님뿐만 아니라, 모든 도인들도 차이는 있다 하더라도 우주의 진리, 법신·보신을 깨달은 분입니다.

우리 중생도 금생에는 못 깨닫는다 하더라도 우리 생명의 바탕이 바로 법신이요 보신이기 때문에 언젠가는 법신·보신이 되어야 하는 것입니다. 못되면 우리가 윤회輪廻를 하겠지요. 사람으로 소로 개로 돼지로 갔다왔다 합니다. 우리 인간은 반드시 깨달아서 부처가 되어야 하는 것입니다. 다만 게으른 사람들은 금생今生에 못되고, 내생來生에도 못될 것이고 정말로 부지런하고 바른 사람들은 금생에 될 것이고, 금생에 못되면 내생에 되고 말 것입니다.

이와 같이 부처님자리를 중생이 잘 모르니까 부처님께서 그때그때 경전 따라서, 사람 따라서 달리 표현을 했습니다. 그래서 부처를 진여眞如라 불성佛性이라 법성法性이라 실상實相이라 중도中道라 보리菩提라 열반涅槃이라 여래如來라 주인공主人公이라 불렀습니다. 부처란 말이나 여래란 말이나 주인공이란 말이나 또는 열반이란 말이나 또는 보리란 말이나 또는 중도란 말이나 실상이나 법성이나 진여나 똑같은 뜻입니다.

따라서 이렇게 알고서 불경을 본다고 생각할 때는 어느 불경을 보든지 "아! 그렇구나.", "이 불경은 공空을 주로 말했구나.", "이 불경은 유有를 주로 말했구나.", "이 불경은 부처님의 본래면목本來面目자리를 바로 말씀하신 거구나.", 이와 같이 우리가 짐작을 할 수가 있습니다. 이런 골격으로 이루어진 것이 보리방편문의 체계입니다.

"마음이 바로 부처"인 것을 말한 것인데 마음자리, 마음 본성이 바로 법성인 것이고 법신 속에 들어 있는 모든 공덕이 보신이고, 또는 법신·보신에서 이루어진 사람이나 산이나 별이나 일체 존재가 화신입니다. 따라서 우리 중생은 화신 가운데 개별적인 하나란 말입니다. 따라서 화신에만 차이가 있는 것이지 법신·보신에서는 모두가 다 하나가 되어 버립니다.

화신이 됐다 하더라도 지금 나와 너는 정말로 차이가 있는 것은 아닙니다. 우리 중생이 봐서 차이가 있는 것이지, 바로 본다고 생각할 때에는 화신이 된 이 자리에서 김아무개란 사람, 박아무개란 사람 그 사람도 역시 별도의 존재가 아닙니다. 현대물리학을 공부한 우리 젊은 세대는 다 아는 문제 아니겠습니까. 비록 나와 너라는 둘이 있다 하더라도 근본에서 볼 때는 하나입니다.

어째서 하나인 것인가. 우리 중생이 사는 데는 공간이 다 있습니다. 공간 속에는 산소나 수소같은 원소가 가득 차 있습니다. 공기가 있다고 생각할 때에 역시 전자나 양자나 중성자로 가득 차 있습니다. 그런 것은 에너지로 해서 구성되어 있습니다. 소립자 같은 것은 에너지의 파동에 불과합니다. 에너지가 없는 공간이 있습니까. 그런 공간은 없습니다. 나와 남은 차이가 있어 보이지만, 다만 우리 중생이 잘못 봐서 달리 보이는 것이지 원자의 차원 또는 에너지의 차원에서 본다고 생각할 때는 결국은 딱 붙어 있습니다.

내 몸도 산소나 수소나 질소로 구성되어 있습니다. 또는 내 몸과 네 몸 사이 공간도 역시 산소나 수소나 질소로 해서 충만해 있습니다. 그러기에 어떤 사람과도 너나 할 것 없이 다 붙어 있는 것입니다. 우주가 모두다 남남이 아닙니다. 다만 중생은 그런 이치를 모르는 것이니까 "나와 남이 따로 있다"고 하는 것이지 이치를 안다고 생각할 때는 결국은 나와 남을 구분할 수가 없습니다. 이런 선행적인 지식을 갖고서 보리방편문을 공부하도록 합시다.

우리 "마음이 바로 부처"인 것을 말씀한 것이 바로 보리방편문 법문의 골격입니다.

'보리방편문'이라, 비록 진리를 사람의 말이나 문자로 표현한 것이 아무리 위대하다 하더라도 그것이 바로 진리는 못되는 것입니다. 그러기에 방편이라는 말을 썼습니다. 결국은 진리에 들어가는 방편의 문입니다. 도인들은 이와 같이 같은 말도 굉장히 신중하게 합니다. 제 아무리 고도한 학문이나 이론 체계라 하더라도 그것이 바로 진리는 못됩니다. 참다운 도에 들어가는 문이란 말입니다.

> 心은 虛空과 等할새 片雲隻影이 無한 廣大無邊의 虛空
> 的 心界를 觀하면서 淸淨法身인달하야 毘盧遮那佛을 念
> 하고

심心은 허공虛空과 등等할새; 마음은 허공과 같을새, 우리는 우리 마음을 지금 볼 수 없습니다. 이것은 부처님께서 마음을 풀이한 그대로를 말한 것입니다. 제2 석가라는 용수보살이 『보리심론菩提心論』에서 마음에 대해 풀이를 한 것을 금타대화상이 참선 중에 감득하신 것인데 이것은 용수보살의 『보리심론』의 내용을 압축시켜서 말한 것이라 볼 수 있습니다.

우리 마음은 허공과 같다는 말입니다. 허공은 한계가 없습니다. 우리 마음은 옹졸하고 좁습니다만 달마스님의 『관심론觀心論』에 "심심

심심心心 난가심難可尋이라", 우리 "마음이 무엇인가?"를 알기가 어렵습니다.

어떤 철학이나 "인간성이 무엇인가?" 하는 문제를 제기했지만 그 문제에 관해서 확실한 해답은 못 내렸습니다. 부처님 가르침만이 우리 마음이 무엇인가에 대한 확실한 해답을 내렸습니다. 따라서 우리 불교인들은 먼저 마음이 무엇인가를 알아야 합니다. 잘난 사람 마음이나 못난 사람 마음이나 마음의 본체는 허공과 똑같은 것입니다. 또 그것은 광대무변합니다.

편운척영片雲隻影**이 무**無**한**; 구름같은 어떤 흔적이나 흐림이 조금도 없는

광대무변廣大無邊**의 허공적**虛空的 **심계**心界**를 관관**觀觀**하면서**; 넓고 크고 또는 가없는 허공같은 마음 세계를 관찰하면서

청정법신淸淨法身**인달하야 비로자나불**毘盧遮那佛**을 염념**念念**하고**: 그 허공과 같은 끝도 가도 없는 허공 세계, 마음 세계 그것이 불교식으로 표현하면 청정법신 비로자나불입니다. 우리가 생명이면 우리 마음도 응당 생명이겠지요. 따라서 마음은 생명이기 때문에 부처님 이름으로 표현하면 청정법신 비로자나불입니다. 이것을 우리가 관찰하고 끝도 가도 없는 광대무변한 허공 같은 그 자리를 비로자나불로 생각하고

此 虛空的 心界에 超日月의 金色光明을 帶한 無垢의 淨水가 充滿한 海象的 性海를 觀하면서 圓滿報身인달하야 盧舍那佛을 念하고

차此 허공적虛空的 심계心界에 초일월超日月의 금색광명金色光明을 대帶한 무구無垢의 정수淨水가 충만充滿한 해상적海象的 성해性海를 관觀하면서; 이와 같은 허공 같은 끝도 가도 없는 광명변조光明遍照의 마음 세계에 해와 달보다도 더 밝은 해와 달과 비교할 수 없는 그런 찬란한 금색광명을 띠고 있는 무구無垢의, 조금도 찌꺼기나 때가 없는 아주 청정한 물의 맑은 정기가 충만한 그런 바다와 바다에 바닷물이 가득 차 있듯이 훤히 트여 있는 광대무변한 마음 세계에 청정한 정기가 가득 차 있습니다.

원만보신圓滿報身인달하야 노사나불盧舍那佛을 염念하고; 청정한 정기가 가득 차 있는 그것이 즉 말하자면 원만보신 노사나불입니다. 그 원만보신 노사나불을 생각하고

內로 念起念滅의 無色衆生과 外로 日月星宿 山河大地 森羅萬象의 無情衆生과 人畜 乃至 蠢動含靈의 有情衆生과의 一切衆生을 性海無風 金波自涌인 海中區로 觀하면서 千百億化身인달하야 釋迦牟尼佛을 念하고

내內로 염기염멸念起念滅의 무색중생無色衆生과; 안으로 생각이 일어나고 생각이 없어지는 "좋다·궂다, 나요·너요" 하는 그런 생각인 무색중생, 우리는 중생이라고 하면 사람만 중생이라고 생각하기가 쉽습니다만 본래적으로 본다고 생각할 때 우리 생각, 사고 활동도 결국은 하나의 중생이라고 하는 것입니다. 이것은 물질이 아닙니다. 생각이 일어나고 없어지는 그런 우리 사고 활동인 무색중생과

외外로 일월성수日月星宿 산하대지山河大地 삼라만상森羅萬象의 무정중생無情衆生과; 밖으로 눈에 보이는 해요 달이요 별이요 산이요 내(川)요 또는 대지요 그런 삼라만상의 무정중생과 즉 말하자면 의식이 없는 중생과

인축人畜 내지乃至 준동함령蠢動含靈의 유정중생有情衆生과의 일체중생一切衆生을; 사람이나 축생이나 꿈틀거리는 곤충들 이러한 유정중생과 모든, 이런 일체중생을

성해무풍性海無風 금파자용金波自涌인 해중구海中漚로 관觀하면서; 광대무변한 마음자리에 금색의 생명이 충만해 있는데 그 자리에 바람은 없지만 금색광명, 즉 말하자면 생명이 스스로 뜁니다. 그 가운데 들어 있는 에너지의 작용이 스스로 뜁니다. 스스로 뛰는 바다 가운데 거품으로 관찰합니다.

천백억화신千百億化身인달하야 석가모니불釋迦牟尼佛을 염송하고; 천백억화신이라. 천지우주에 있는 현상은 수가 하도 많으니까 어떻게 해아릴 수가 없습니다. 따라서 이런 것을 가리켜서 천백억화신이라 표현했습니다.

우리가 좁은 의미에서는 석가모니 부처님하면 역사적인 석가모니를 말하지만, 광범위한 의미에서는 일체 존재가 다 석가모니 부처님이라 하는 것입니다. 불교는 '이理'와 '사事'를 구분해서 해석을 하는 것입니다. 다시 말하면 광범위한 의미 또는 좁은 의미 말입니다. 좁은 의미에서는 인도에서 나온 역사적인 석가모니 부처님, 광범위하게는 나나 너나 일체 현상 모두가 다 석가모니불입니다.

다시 彼 無量無邊의 淸空心界와 淨滿性海와 漚相衆生을 空·性·相 一如의 一合相으로 通觀하면서 三身一佛인달하야 阿(化)彌(報)陀(法)佛을 常念하고 內外生滅相인 無數衆生의 無常諸行을 心隨萬境轉인달하야 彌陀의 一大行相으로 思惟觀察할지니라.

다시 피彼 무량무변無量無邊의 청공심계淸空心界와 정만성해淨滿性海와 구상중생漚相衆生을; 다시 되풀이해서 저 무량무변의 끝도 가도 없는 청공심계와 텅 비어 있는 그런 마음 세계와 또는 마음 세계에 가득 차 있는 생명의 광명세계와 또는 거기서 거품(漚)같이 일

어나는 모든 중생을

공空·성性·상相 일여一如의 일합상一合相으로 통관通觀하면서;
공·성·상 텅텅 빈 청공심계 또는 그 자리에 가득 차 있는 모든 공덕인
정만성해, 거기서 일어나는 거품 같은 중생의 현상 세계, 이런 것이
결국은 하나입니다. 셋이 아니라 하나인 일합상으로 하나로 합해서
통일해서 관찰하면서

삼신일불三身一佛인달하야 아阿(化)·미彌(報)·타陀(法) 불佛을 상
념常念하고; 삼신일불이라, 청정세계의 법신法身과 또는 거기에 들어
있는 모든 공덕功德인 보신報身과 거기에서 이루어지는 일체 현상인
화신化身, 이 세 몸이 결국은 하나인 아미타불입니다.

아미타불은 저 극락세계에 계시면서 우리 중생을 제도하시는 그런
부처님이지만 또, 한 가지 가장 근원적인 뜻은 바로 우주가 아미타불
인 것입니다. 우리 중생의 본질도 역시 아미타불입니다. 다만 우리
중생은 번뇌煩惱에 가리어서 미처 모르고 있습니다. 어떠한 것이나
모두가 다 본래 성품은 아미타불이고 관세음보살인데 우리 중생은
모르는 것이고 성자는 관세음보살이나 아미타불과 하나가 되어 있습
니다. 그런 차이뿐인 것입니다. 번뇌가 있으면 못 보는 것이고, 번뇌
가 없으면 하나가 되어서 우주와 더불어서 영생합니다.

이와 같이 법신과 보신과 화신 그런 세 가지 몸, 부처님의 본래 자리, 근본 자리에 있는 법신과 법신이 갖추고 있는 모든 공덕과 거기에서 일어나는 일체 존재가 결국은 셋이 아닌 하나의 몸인 아미타불입니다. 아미타불을 항상 생각하고

내외생멸상內外生滅相인 무수중생無數衆生의 무상제행無常諸行을; 자기 마음으로 생각이 일어나고 없어지고 하는 것이나, 자기 눈으로 보는 별이요 산이요 남이요 나요 좋다 궂다 하는 모든 것의 생하고 멸하는 무수중생의 한도 끝도 없는 중생의 무상제행을

심수만경전心隨萬境轉인달하야; 그때그때 변동하는 심수만경전이라, 마음이라 하는 것이 만 가지 경우에 따라서 변전變轉합니다. 산이나 내(川)나 사람이나 모두가 다 마음이 그때그때 경우에 따라서 변동도 하고 또는 그때그때 작용도 하는 활동에 불과한 것입니다.

그러기에 불교는 일체유심조一切唯心造라, 모두가 마음뿐입니다. 다만 마음이 어떻게 활동하고 있는 것인가, 마음이 어떤 상相을 내는 것인가. 마음이 활동해서 이렇게 상을 내면 우리 중생은 마음 자체는 못 보고 상만 보니까 "나요, 너요" 구분을 합니다.

그런 상에 대한 부처님의 비유담이 있습니다. 우리가 횃불을 빙빙돌리면 불동그라미가 나옵니다. 그러나 그 불동그라미가 실제로 있지는 않지만 그렇게 돌리면 우리 중생들은 불동그라미로 봅니다. 그

와 똑같이 우리 인간이란 것은 사실 각 원소가 결합되어서 분자구조가 되고 하나의 세포가 되어서 운동을 하고 있는 것인데 우리 중생은 운동하는 그 현상만 보는 것이지 본질은 보지 않습니다. 따라서 우리 중생은 현상적인 상만 보는 것이고, 도인들은 상도 보지만 상을 떠나서 결국은 본성품을 봅니다.

"상을 내지 마라. 누구한테 베풀어도 상을 내지 마라. '나'라는 상을 내지 마라. '너'라는 상을 내지 마라", 이런 말씀이 있지요. 우리 중생들은 상만 보고 본성품을 못 봅니다. 중생과 성자의 차이는 성자는 본성품을 보는 것이고 우리 중생은 상만 곧 겉만 보는 것입니다.

일체 존재가 다 마음이라 하는 우주의 실상입니다. 우주의 실존은 마음입니다. 우주 안에는 결국 에너지뿐인 것입니다. 에너지 활동에 불과한 것인데 우리 중생들은 활동 양상만 보는 것이지 에너지 자체는 모릅니다. 마음이, 에너지가 그때그때 경우에 따라서 인과의 법칙 따라서 그때그때 운동하고 활동합니다.

미타彌陀**의 일대행상**一大行相**으로 사유관찰**思惟觀察**할지니라;** 마음이 만 가지 경우에 따라서 변하는 법신法身과 보신報身이 미타입니다. 미타의 일대행상으로 생각하고 관찰할지니라.

보리방편문, 이것은 우주의 체계입니다. 우리 마음의 체계인 동시에 불성佛性체계, 우주의 체계입니다. 따라서 우리가 이것을 소화한다고 생각할 때에는 팔만장경을 거의 다 소화하는 것이나 같은 것입니다.

팔만장경 가운데서 가장 고도한 법문이 천태지의天台智顗 선사가 체계를 세운 천태학天台學입니다. 천태학 가운데는 "공空·가假·중中이라, 인연 따라서 생겨난 법은 모두가 다 텅텅 비어 있다. 그러나 다만 비어 있는 것이 아니라 인연이 합해지면 '가'가 있다. 그러나 '공'도 아니요 참다운 진리는 중도中道다.", 이와 같이 천태지의 선사가 한 체계를 세웠습니다. 이런 체계가 불교철학 가운데서 가장 고도한 철학입니다.

보리방편문은 이런 체계를 염불하는 체계와 하나의 체계로 묶었습니다. 그렇게 때문에 이 체계만 두고 본다고 생각할 때에는 사실은 불교의 가장 어려운 것을 아는 것이나 똑같은 것입니다. 제가 더 부연해서 말씀드린다면 이것은 바로 "참다운 염불을 어떻게 할 것인가. 또는 참다운 선禪과 염불念佛은 무엇인가?" 하는, "선과 염불이 둘이 아니라는 것"을 말하는 것입니다.

우리 불교인들 가운데 염불을 외면하는 사람이 있겠습니까. 염불에 대한 뜻을 잘 모르는 사람들은 "염불은 하근중생下根衆生이 한다. 참선參禪은 근기가 높고 수승한 사람들이 하고, 염불은 공부도 않고 미련한 사람들이 한다"고 염불을 폄하해서 말합니다만 사실은 그렇지가 않습니다. 부처님께서 하신 말씀 가운데서 염불 말씀을 제일 많이 하셨습니다. 200부 이상, 책 권수로는 몇 천권 되겠지요. 200부 이상 가운데서 염불을 말씀했습니다.

그러나 그런 염불도 방편方便염불과 진실眞實염불로 차이가 있습니다. "아미타 부처님이나 관세음보살님이 저 밖에 계신다. 밖에 계셔서 우리가 부처님을 간절히 염불하면 우리한테 오셔서 돕는다.", 이런 염불은 방편염불입니다. 이런 염불은 부처님께서 우리한테 꼭 하시고 싶어 한 염불공부의 뜻이 아닙니다. 분명히 잘 새기셔야 됩니다. 염불하는 방법에 방편과 진실이 있습니다. 방편염불은 부처님을 자기 밖에다 두고서, "나와 부처님은 다른 것인데 내가 부처님한테 간절히 기원드리면 부처님이 나를 돕는다"는 식으로 하는 것이 방편염불입니다.

참다운 진실염불은 부처와 내가 둘이 아닙니다. 내 본래면목本來面目, 내 본래생명자리도 역시 똑같은 법신·보신입니다. 석가모니 부처님과 나의 마음 바탕은 조금도 차이가 없이 똑같습니다. 강도의 마음이나 내 마음이나 마음자리는 똑같습니다. 예수 마음이나 내 마음이나 마음자리는 똑같습니다. 다만 겉만 차이가 있습니다. 상만 차이가 있지 본성품은 똑같습니다. 따라서 일체 존재는, 나나 너나 산이나 내(川)나 하나의 곤충이나 모두가 다 부처님 성품을 바탕으로 했습니다. 어떤 거품이나 어떤 파도나 똑같이 물을 근본으로 했듯이 어떤 사람이나 어떤 존재나 모두가 다 불성佛性이라 하는 부처님을 바탕으로 했습니다.

대승大乘과 소승小乘의 차이가 어디 있는가 하면 일반 소승들은 "아! 모두가 텅텅 비어 있다.", 이러한 허무를 바탕으로 합니다. "법계연기法界緣起라, 같은 인연법因緣法도 진여불성眞如佛性이라, 일체만유가 진여불성에서 이루어졌다.", 이렇게 되어야 참다운 대승입니다. "인연 따라서 이것저것 합해서 내가 생겼다. 인연이 합해서 이것저것 이루어졌다.", 이런 것은 소승적인 연기법인 것입니다.

참다운 대승연기는 "법계연기·진여연기眞如緣起라", 진여법성眞如法性이 만유萬有가 되었습니다. 사람도 진여법성으로 되고, 달도 해도 하나의 곤충도 어떤 것이나 모두가 다 진여법성으로 됐습니다. 어떠한 것도 에너지로 안 된 것이 없습니다. 어떠한 것도 모두가 다 궁극적인 것은 다 에너지입니다. 그와 똑같이 어떠한 것도 궁극적인 본성품은 진여법성입니다. 우리 중생은 진여법성을 못 보는 것이고, 성자는 맑은 눈으로 해서 그 원수같은 탐욕심貪慾心·진심瞋心·무명심無明心만 걷어 버리면 우리도 훤히 트여 진여법성과 하나가 되는 것입니다. 그렇게 되어야 우리 인간이 비로소 참다운 고향에 들어가서 영생의 행복을 누리는 것입니다.

따라서 불교는 한 말로 말하면 "여실지자심如實知自心이라", 우리 마음을 참답게 알라는 말입니다. 우리 중생은 "내가 나를 안다. 내가 나쁘다. 내가 좋다. 나는 제법 양심이 있는데..." 이러지만 우리 중생은 자기를 모르는 것입니다. 어째서 모르는 것인가. 우리 중생은 우리 성품을 모릅니다. 알더라도 자기의 겉만 알지 본성품을 모릅니다. 남의 성품도 모르고 내 성품도 모르는 것이 우리 중생입니다. 성자의 맑은 눈만이 아는 것입니다. 아무리 과학이 발달된다 하더라도 어떠한 고도한 현미경을 쓰더라도 우리 인간의 본성품, 우주의 본성품, 불성을 모르는 것입니다. 다만 질료가 있는, 상대성의 한계에 있는, 공간성이 있는 그것만 과학은 압니다. 우리 범부凡夫라는 것은 인과율因果律에 제한되고 또는 시간·공간에 제약되어 있는 그런 질료質料만 아는 것이지 질료가 아닌 참다운 세계, 참다운 생명은 모릅니다.

그 세계는 삼매三昧를 통해서 우리 마음이 하나로 딱 모아져서 모아진 힘으로 탐욕심이 녹아지고 진심瞋心이 녹아지고 치심痴心이 녹아져서 청정무비한 맑은 정신으로만 영원적인 참다운 자기 성품을 아는 것입니다. 따라서 우리 인간이 할 일은 여실지자심이라, 우리 마음의 실상實相을 여실히 아는 것입니다.

천지우주가 참다운 불성에서 왔거니, 불성을 모르고서 인간의 행복은 있을 수가 없습니다. 제아무리 발버둥쳐도 역시 진리를 모르고서는 전쟁과 갈등, 분열은 그칠 수가 없습니다. 마땅히 진리를 알고서 진리에 따라야만, 우주의 도리에 따라야만 참다운 자유, 참다운 행복, 참다운 평등이 있습니다. 중도실상中道實相, 참된 부처님 도리를 가지고 있어야만이 참다운 사고가 됩니다.

우리 중생마음은 남을 미워하고 남을 좋아하는 등 번뇌에 갇혀 있습니다. 우리 중생마음은 지금 감옥 생활입니다. 우리 중생은 탐심·진심·치심, 삼독심三毒心의 노예입니다.

따라서 우리는 이 법문을 외울 때에, "비록 내 마음은 욕심에 갇혀 있고 또는 진심에 갇혀 있다 하더라도 내 본래마음은 청정하고 광대무변하다"고 순간에 우리 마음을 딱 해방을 시켜 버려야 합니다. 우리 마음은 분명히 허공 같습니다. 광대무변합니다. 내 마음, 네 마음 모두가 허공같이 다 비어 있는 것입니다.

사람으로 태어나서 자기의 소중한 마음을 모르고 죽는 것같이 원통한 것이 없습니다. 몇억 대, 몇십억 대, 몇백억 대의 재산을 쌓았다 하더라도 내 마음 내가 모르고 죽는다고 생각할 때는 얼마나 한스러운지 모릅니다. 인간의 실상, 인간의 실존을 알려면 우리 마음을 떠나서는 알 수가 없는 것입니다.

내 마음은 잘나나 못나나 마음의 본체는 허공과 같을새, 조금도 흐림도 때도 없는 넓고 크고 또는 가없는 그런 허공 같은 마음세계를 부처님 이름으로 하면 이것은 청정법신淸淨法身 비로자나불毘盧遮那佛입니다. 그리고 우리 마음세계, 그런 청정법신 비로자나불 같은 마음세계에 해나 달보다 더 훨씬 밝은 그런 여러 가지 공덕功德이 꽉 차 있습니다. 자비慈悲도 행복도 지혜도 꽉 차 있습니다.

우리 마음 세계는 그냥 다만 비어 있는 것이 아니라 행복도 자비도 지혜도 끝도 가도 없이 꽉 차 있습니다. 그러기에 부처님이나 각 도인들은 자비나 지혜가 한도 끝도 없는 것입니다. 우리 능력은 사실은 무한대입니다. 우리는 자기 능력을 절대로 제한하면 안 됩니다. 이와 같이 무제한적인 그런 가능성이 우리 마음에는 꽉 차 있습니다. 이것이 부처님 말로 하면 원만보신圓滿報身 노사나불盧舍那佛인 것입니다.

이와 같이 광대무변한 자리에 일체 공덕과 지혜가 꽉 차 있고, 일체 존재는 나나 너나 또는 곤충이나 원자나 별이나 모두가 다 그런 자리에서 인연 따라서 이루어져 있습니다. 인연 따라서 이루어진 하나의 거품과 같습니다.

바다에 비유하면 광대무변한 바다 그 자체는 법신法身이고 바다에 꽉 차있는 물 이것은 보신報身이고 그런 바다에서 일어나는 거품이나 파도는 산이나 내(川)나 사람같은 모든 존재는 화신化身입니다. 달에 비유하면 달 자체는 법신인 것이고 달 광명은 보신인 것이고, 또는 달그림자는 화신인 것입니다. 하나의 달이 휘황찬란하게 밝아서 중천에 떠 있다고 생각할 때에 시냇물이 백이요 천이요, 두만강 또는 한강 그야말로 금강·영산강, 이런 내가 많이 있습니다. 그런 내가 많이 있지만, 달이 하나가 떠있으면 내마다 달그림자는 똑같이 비칩니다.

그와 마찬가지로 인연 따라서 하나의 중생이 이루어지면 그런 중생들은 모두가 다 똑같이 부처님의 광명을 나누고 있습니다. 우리 중생들은 모두가 다 부처님의 광명의 화신인 것입니다. 사실은 우리 중생 스스로가 잘나고 못났다 하더라도 석가모니 부처님같이 훤히 빛나는 것입니다. 다만 중생은 못 봅니다. 석가모니 부처님만 빛나는 것이 아니라 모두가 다 광명으로 빛나고 있고, 사실은 중생 스스로가 바로 광명의 화신입니다.

우리 젊은이들은 다 잘 아실 것입니다. 예를 들어, 산소가 수소와 합해진다 하더라도 산소 스스로의 성분은 변동이 안 됩니다. 또는 에너지가 전자나 양자가 되었다 하더라도 에너지 스스로의 변동은 없습니다. 에너지는 어떻게 되든지 간에 어떤 현상을 나투든지 에너지 스스로는 변동이 없습니다.

그와 똑같이 불성佛性이라 하는 우주의 참다운 생명이 불성 스스로의 인연 따라서 사람이 되고 또는 하늘의 별이 되고 한다 하더라도 불성은 조금도 변동이 없습니다. 잘나고 못나고 했다 하더라도 불성은 조금도 변동이 없으니까, 불성을 볼 수 있는 부처님이나 성자가 본다고 생각할 때에는 못난 사람이나 잘난 사람이나 모두가 다 훤히 불성으로 보입니다. 이와 같이 일체 존재는 모두가 다 광명으로 빛나는 보신의 바다에서 내가 사고思考하는 "좋다 궂다" 생각하는 그런 생각이라든가 또는 눈으로 보이는 해나 달이나 내나 산이나 또는 사람이나 곤충이나 모두가 본래에서 본다고 생각할 때는 모두가 다 부처님 바다에서 일어나는 하나의 물거품과 같습니다. 광명의 파도나 같은 것입니다.

이런 것을 다 합해서 본다고 생각할 때 이것이 바로 아미타불입니다. 사실은 나도 너도 역시 모두가 다 아미타불입니다. 절에서 아침에 장엄염불莊嚴念佛을 합니다만 장엄염불 가운데서 아미타불을 찬탄하는 법문이 있습니다. "도마죽위稻麻竹葦 무한극수無限極數라", 도마죽위란 것은 삼밭에 삼대가 얼마나 많습니까. 또는 대밭에 대가 얼마나 많습니까. 대밭에 대가 많고, 또는 삼밭에 삼대가 많듯이 한도 끝도 없이 많은 수란 말입니다. 일십일만一十一萬 구천오백九千五百 동명동호同名同號 아미타불阿彌陀佛입니다. 동명동호라, 같은 이름, 같은 상호 아미타불이란 말입니다.

부처 이름으로 본다고 생각할 때는 여기 계시는 몇백 명 불자님들이 모두가 다 아미타불입니다. 에너지가 어떻게 되든지 간에 산소가 되나, 사람 몸을 구성하나 에너지란 차원에서는 조금도 변동이 없습니다. 제로를 천만 번 곱한다 하더라도 제로는 제로입니다. 에너지가 뭣이 되나, 에너지가 어떻게 운동을 하나, 빨리 진동하나 또는 느리게 진동하나, 에너지는 조금도 변동이 없습니다.

그와 똑같이 불성佛性이라 하는 참다운 우주의 성품이 사람이 되나 개가 되나 소가 되나 독사가 되나 조금도 불성의 차이가 없습니다. 따라서 그런 불성을 볼 수 있는 부처님의 청정불안清淨佛眼으로 본다고 생각할 때는 모두가 다 부처입니다.

이렇게 부처님 눈으로 봐서 우주를 보는 그런 견해가 보리방편문의 지혜입니다. "부처님 눈으로 사람을 어떻게 볼 것인가, 우주를 어떻게 볼 것인가, 부처님 눈으로 본 우주관·인생관"이 바로 여기 있는 보리방편문입니다.

이와 같이 우리가 보는 생生하고 멸滅하는, 죽었다 살았다 하는 현상적인 모든 것이 다 불심佛心, 다 마음입니다. 부처란 말이나 마음이란 말이나 똑같습니다. 우리 중생이 남을 미워하기도 하니 마음이 좁은 것 같지만, 이 마음의 근본은 부처와 더불어서 같습니다. 물질도 역시 근본은 다 마음입니다. 물질이 따로 없습니다.

세상의 비극은 "물질이 따로 있다. 금이 따로 있다. 또는 다이아몬드가 따로 있다. 뭣이 따로 있다"고 구분을 하는 것에 있습니다. 그래서 다이아몬드는 좋고 철은 나쁘다고 하겠지요. 그러나 근본은 똑같습니다. 다이아몬드나 철이나 무쇠나 근본은 다 똑같습니다. 다만 그

56

것의 진동 정도, 운동 정도에 차이가 있을 뿐입니다. 우리 중생들은 근본을 못 보는 것이니까, 우선 상相만 봐서 다이아몬드는 좋고 철은 나쁘겠지요. 성인은 근본을 보는 것이고 중생은 겉만 봅니다.

따라서 근본을 볼 수 있는 안목, 부처님께서 보는 청정한 인생관이 보리방편문입니다. "마음이 바로 부처"라, 마음의 본바닥은 법신法身인 것이고 본바닥에 들어 있는 일체 공덕功德은 보신報身인 것이고 그 자리에서 일어나는 일체의 현상은 화신化身입니다.

어떠한 것이나 불성이거니, 인因이나 연緣이나 모두가 다 불성입니다. 따라서 불성 가운데 있는 생명이기 때문에 어떤 것도 모두가 다 관계가 있습니다. 관계가 있는 것이 아니라 사실은 우주가 바로 하나의 생명인 것입니다. 미운 사람, 고운 사람 모두가 다 하나의 생명의 줄로 이어져 있습니다. 가령, 누가 자기 아버지를 죽였다 하더라도 그 사람과 나와의 사이도 역시 같이 연결되어 있습니다. 우리 중생은 못 봅니다만 나와 남의 관계가 단순한 관계가 아니라 바로 딱 붙어 있습니다.

이렇게 생각할 때에 결국 우주라는 것은 하나의 생명입니다. 우주를 하나의 체계로 묶어서 하나의 생명으로 보는 것이 부처님 진리입니다. 우리 마음의 근본 체성體性은 법신이고 그 속에 들어 있는 자비나 지혜나 일체 공덕은 보신이고 또 거기서 일어나는 일체 현상은 화신입니다. '나'라는 것은 화신 가운데 하나 아닙니까.

하루에 몇 번이나 이렇게 불교 인생관, 불교 우주관을 되뇌인다면 이렇게 생각하고 느끼고 관찰하는 것이 '내가 부처'임을 느끼면서 하는 바른 염불인 것입니다. 부처를 밖에 있다고 생각하지 않고 바로 우주의 실상實相 또는 나의 실상을 관찰하고 음미하면서 하는 염불이 바른 염불인 것입니다. 이렇게 나의 본질, 우주의 본질을 떠나지 않는 공부가 참선공부입니다. 현상에서 애써서 점수漸修로 닦아나가는 것이 일반 공부인 것이고 참선공부는 본질을 딱 느끼고서, 본성품을 딱 느끼고서 그 자리를 떠나지 않는 공부입니다.

좀 어려운 말로 하면 본체성을 딱 느끼고서, 본체성을 떠나지 않으려고 애쓰는 공부가 참선공부입니다. "이뭣고?" 화두話頭라든가 "뜰 앞의 잣나무"라든가 그런 화두는 모두가 다 근본자리를 떠나지 않기 위해서 나왔습니다.

조주스님한테 가서 어떤 스님네가 "여하시불如何是佛잇고?", "부처가 무엇입니까?" 하니 "뜰 앞의 잣나무니라" 했습니다. 애쓰고 부처를 찾고자 해서 "부처가 무엇입니까?" 하고 물으니까, "뜰 앞의 잣나무"라 했습니다. 조주스님한테 부처를 묻는 그 사람은 부처는 저 밖에 있다고 생각을 하겠지요. 이렇게 부처를 밖에서 구하는 그런 마음을 갖고 물었겠지요. 그러나 깨달은 도인인 조주스님은 "뜰 앞의 잣나무니라"라고 말합니다. 부처가 따로 있는 것이 아니라 "뜰 앞의 잣나무"나 이 '컵'이나 모두가 바로 보면 결국은 부처 아님이 없습니다. 따라서 어떠한 것이나 모두가 다 부처 아님이 없다는 부처의 안목을 내 안목으로 한다고 생각할 때에는 다 부처입니다. 우리는 번뇌煩惱 때문에 바르게 보지 못합니다. 따라서 모든 것을 다 부처로 수용하고 부처가 보는 안목을 내 안목으로 하는 공부가 참선공부입니다.

'옴마니반메훔'을 하든, 우리가 염주를 헤아리든 그런 모양은 상관이 없습니다. "우리 마음이 나나 너나 천지우주가 다 본래로 부처구나. 천지우주가 부처 아님이 없구나.", 이렇게 생각하면 결국 참선입니다. 따라서 "나무아미타불, 관세음보살, 지장보살"을 외운다 하더라도 역시 지장보살이나 아미타불을 밖에서 구하면 우리가 복을 받기 위해서 구하는, 부처와 나의 한계를 가려서 구하는 그것은 방편염불입니다. 참다운 염불이 못되는 것입니다. 복을 받아도 제한된 복밖에는 못 받습니다.

그러나 부처와 내가 둘이 아니다. 부처란 것이 만萬 공덕功德을 갖추고 죽어도 죽지 않고 영생으로 행복하고 영원한 것인데, "영원한 생명, 모든 지혜를 갖추고 있는 부처와 내가 둘이 아니다"고 생각하는 그런 마음같이 위대한 마음은 없습니다. 우리 마음 가운데 가장 좋은 마음은 부처와 내가 둘이 아니고 내가 바로 부처라는 그 마음이 가장 좋은 마음인 것입니다. 이렇게 되면 남과 나의 구분도 할 수가 없습니다.

이렇게 해서 우리 마음을 부처한테다 머물게 하고 먼지 하나도 부처 아닌 것이 없다. 일진불사一塵不捨라, 한 먼지도 버릴 수가 없이 다 부처로구나. 이렇게 느낄 때 우리 공부는 방편을 떠난 진실한 공부라고 할 수 있습니다. 부처님 법문은 이와 같이 모두를 다 불성이라 보고, 마음으로 보는 것이며 부처님께서 우리에게 정말로 하고 싶은 말씀입니다. 그 외에는 모두가 다 방편설인 것입니다.

우리가 생각할 때는 보통 "부처님한테 애쓰고 구한다.", "부처님한테 우리가 가피加被를 바란다." 또는 "기도를 모신다.", 이렇게 하면 마음도 개운하고 의지가 되는 것인데, "천지가 부처구나.", 이러면 "우주천지가 허망하구나.", 이렇게 느끼는 분도 계십니다만 그렇지가 않은 것입니다. 부처님이 어디 따로 계셔서 우리를 감시도 하고, 복도 주고, 벌도 주는 그런 부처님은 그야말로 미개한 종교의 대상밖에는 안 되는 것입니다.

참다운 부처님은 바로 우주가 부처님인데, 우주가 하나의 생명인데 그런 생명은 우리가 생각하는 이상으로 무한히 부사의한 공덕이 있습니다. 그런 부처님 복을 무수한 도인들이 몇만 년을 세어도 다 셀 수가 없습니다. 그런 행복이 바로 내 마음 속에 있습니다. 딴 데 있는 것이 아니라 내 마음 속에 그런 무한한 행복이 있습니다. 따라서 "우리가 부처한테 기도해서 행복을 받는다.", "우리한테 복이 온다.", "우리의 병이 낫는다"는 것은 방편인 것이고, 참다운 부처님의 부사의한 공덕을 생각하면서 복을 빈다고 생각할 때에는 정말로 복도 부사의한 것입니다. "나와 부처님이 둘이 아니고 내 마음에 무한공덕이 갖추어져 있다"고 꼭 믿고 염불念佛할 때 우리 마음은 비약적으로 정화가 되는 것입니다.

가령 생전에 그렁저렁 염불도 하고 보시布施도 하고 살았다 하더라도 마음을 깨닫지 못하면 불성佛性을 못 보겠지요. 아무리 시주를 많이 했다 하더라도 역시 그것으로 해서는 불성을 볼 수가 없습니다. 어느 정도껏 공功은 되어도 말입니다. 그러나 죽을 때는 우리가 지은 공을 총결산을 합니다. 남한테 많이 베풀고 복을 많이 지은 사람들은 그런 과보가 훨씬 더 좋은 환경이 되는 것입니다.

그래서 죽는 순간에 정말로 "내 본심이 바로 부처구나.", "석가모니와 아미타부처님과 내가 둘이 아니구나." 또는 "우리 마음이 정화되면 내가 한 발도 안 떠나서 이 자리가 바로 극락세계구나.", 이렇게 꼭 분명히 느낀다고 생각할 때는 순간 찰나에 우리는 성불이 되는 것입니다. 천도식도 하지 않고 죽은 사람을 위해서 후손들이 복을 빌어주지 않더라도 죽는 순간에 정말로 "내 본마음이 부처다. 내 본마음 가운데는 무한공덕이 갖추어져 있다.", 이것을 분명히 확실히 믿을 때는 그 순간에 우리 마음이 비약이 되고 정화가 되어서 바로 성불할 수가 있습니다.

석가모니께서 보리수하에서 성불하시고 맨 처음에 다섯 비구한테 법문을 하셨습니다. 그런데 석가모니 법문이 하도 유창하고 진실하고 위엄에 차 있었기 때문에 다섯 도반道伴들이 부처님께서 말씀하신 법문을 듣고서 모두가 바로 도인이 되었습니다. 정말로 믿으면 그런 것입니다. 그러나 우리 중생들은 번뇌 때문에 바로 못 믿습니다. "정말 그럴 것인가?"하고 바로 못 믿으면 바로 못 믿는 그 마음 때문에 중생 마음은 바로 부처가 못되는 것입니다.

따라서 우리가 지금 믿는 정도가 그때그때 자기 업장 따라서 차이가 있습니다. 마땅히 환희심을 내고서 믿을 때는 우리 마음이 비약적으로 정화가 되는 것입니다. 우리 중생들이 비록 느끼고 있지 못한다 하더라도 우리 본래 마음은 바로 불성인 것이고, 또는 불성자리를 바로 말씀한 법문이 이와 같이 보리방편문 법문입니다. 간단히 말하면 "마음이 바로 부처"인 것을 말씀한 것이고, 또 조금 더 구체화시켜서 분석하면 마음의 본체는 법신法身이고 법신자리에 들어있는 일체 공덕功德은 보신報身인 것이고, 거기에서 일어나는 일체 존재는 화신化身입니다. 이것을 다 합한 것이 아미타불이기 때문에 "나도 아미타불 너도 아미타불, 모두가 다 바로 아미타불"인 것이고, 참다운 염불은 이와 같이 우주가 바로 부처임을 느끼면서 하는 염불입니다. 지장보살도 관세음보살도 모두가 이 가운데 다 들어 있습니다.

이와 같이 본래면목本來面目을 안 떠나는 염불은 바로 참선과 염불이 둘이 아닌 하나가 되는 진실한 공덕인 동시에 바로 성불의 첩경인 것입니다. 과학과의 차이, 종교 간의 의견 차이 그런 것 저런 것이 모두가 다 이런 방편문적인 "법法·보報·화化 삼신三身", "가장 구경적인 그런 법신, 거기에 들어 있는 일체 만유의 공덕인 보신, 거기서 우러 나오는 일체 현상들인 화신", 이런 진리로 비추어 본다고 생각할 때에는 이러한 것이 미처 못 들어 있으면 종교의 정도가 아직은 미숙한 것입니다.

기독교도 성신聖神이나 또는 성령聖靈이나 또는 하나님의 아들인 성자聖子나 모두가 다 삼위일체三位一體라, 삼위일체 교리도 이와 비슷합니다. 그러나 구경적인 것은 못 됩니다. 아무튼 세계종교 가운데서 가장 위대한 종교가 불교인데, 불교의 이러한 체계가 가장 고도한 것입니다.

마땅히 이런 체계를 마음에 두고서 하루하루, 될수록 많이 읽으십시오. 처음에는 모르신다고 하더라도 여태까지 제가 장황히 횡설수설한 그런 말씀을 참고로 하시면서 되풀이해서 읽으시면 "과연 우리마음은 부처구나. 또는 마음의 근본은 법신이구나. 또는 보신이구나. 화신이구나.", 이런 것을 조금은 납득을 하실 것입니다. 천 번 만 번 몇십만 번 외우시면 우리 마음이 성불은 미처 못한다 하더라도 상사각相似覺에 이릅니다. "정말로 내 마음이 부처구나.", 이렇게 느낄 때가 꼭 있으리라 믿습니다.

그렇게 하시다가 임종때는 정말로 비약적으로 돈오頓悟해서 그냥 부처자리를 깨달으실 수가 있으리라 믿습니다. 아들한테나, 손주한테나, 누구한테나 내 마음자리를 내가 아는, 우리 마음을 가장 철저히 아는, 동시에 가장 깊이 아는 이 법문을 가장 큰 선물로 해주시기 바랍니다.

오늘 제가 쉽게 말씀을 드리고자 했던 것인데 또 역시 어렵게 되고 말았습니다만, 역시 어려운 것은 어려울 수밖에 없습니다. 마땅히 스스로 새겨서 깊은 공부를 해주셔서 무상無上의 행복을 느끼십시오. 진리를 떠나서 참다운 행복은 없습니다. 실업인이나 정치인이나 어느 누구든지 간에 진리를 외면해서는 참다운 정치, 참다운 실업, 참다운 평등, 참다운 자유를 얻을 수가 없습니다. 마땅히 어디에 있든지 간에 진리를 항시 염두에 두고서 본체를 여의지 않는, 본성품을 여의지 않는 그런 행동을 해 주시기를 간절히 바라면서 이 말씀을 마칩니다.

1990년 4월 21일 광주 금륜회관

보리방편문
해설 2

보리방편문
해설 2

오늘날 같은 혼란스러운 상황에서는 성자들의 예지叡智가 그지없이 간절합니다. 흔히 복잡다단한 시대를 생각할 때 중국의 춘추전국시대를 생각합니다만 춘추전국시대는 제자백가諸子百家가 각기 자기 목소리를 냈지만 오늘날같이 국민들 모두가 다 술렁거리는 때는 아니었습니다.

오늘날은 심지어 중학생까지도 왜곡된 맑스주의의 병을 앓고 있는 때입니다. 따라서 명확한 자기 인생관의 정립이 없으면 자기도 바로 못 살고 자기 가정도 못 다스리고 학생들도 바르게 교육할 수가 없습니다.

종교만 놓고 본다 하더라도 얼마나 가지 수가 많습니까. 같은 교파 내에도 역시 여러 가지 파벌이 있습니다. 또한 같은 불교 내에도 날이 가면 갈수록 분파가 많이 생깁니다. 분파도 교리적인 차이로 생기는 것이 아니라 이권과 같은 순수하지 못한 동기 때문에 생기고 있습니다.

신앙이라는 것은 하나의 신념 체계에 변동이 있다고 생각할 때는 역시 혼란을 가중시키지 않을 수가 없는 것입니다. 따라서 이런 때는 "어떠한 진리가 가장 옳을 것인가. 어떻게 하는 것이 종합적으로 모든 것을 다 수렴해서 하나의 진리로 내세울 것인가?" 하는 문제가 굉장히 중요합니다.

저희들이 어려서는 사상가라 하면 굉장히 차원이 높고 위대한 분들로 생각이 되었습니다. 저같이 시골에서 태어난 사람들은 잘 알겠지만 사상가는 한 면에 한 사람이나 두 사람 있을 정도였습니다. 그런데 지금은 학생들도 사상가가 되고 거의 온 국민이 사상가가 되는 혼란 속에 있기 때문에 이런 때는 어느 누구나가 나름대로 철인哲人이 되어야 한다고 생각합니다. 철인이 되지 않고서는 험한 세상을 헤쳐 나갈 수가 없다는 생각을 하기 때문입니다.

따라서 앞서 제가 서두에서 말씀드린 예지는 상대적인 어중된 지식이 아니라 참다운 성자가 우리한테 교시한 인생의 등불이 될 수 있는 참다운 지혜를 말하는데 그런 예지만이 자기도 바로 살고 우리 민족도 바로 살 수 있다고 생각합니다.

그래서 이 시간은 그전에 제가 여러 가지로 요청을 받은 바도 있어서 딴 복잡한 문제는 거두절미하고 우선 수행론修行論에 대해서 주로 말씀을 드리겠습니다.

저희 같은 출가 수행자는 수행론에 대한 관심이 재가 불자님들보다 훨씬 더 깊을 수밖에 없습니다. 수행론이 자기에게 안 맞으면 헛된 수고만 하고 결론적으로 성과가 없습니다. 그렇기 때문에 출가 수행자는 더욱 그렇고 재가 수행자라 할지라도 수행론이 자기 적성에 맞지 않으면 싫증나서 오래 못 가는 것입니다.

수행론에 들어가기 전에 먼저 "불교에서는 인간성을 어떻게 보는 것인가" 하는 것부터 간단히 말씀드리겠습니다. 불교라는 것은 '심종心宗'이라, 마음 심心자 마루 종宗자입니다. 불교에서는 대체로 아시는 바와 같이 일체유심조一切唯心造라, 모두를 다 마음으로 봅니다.

불교는 유심론唯心論적인 입장에 서 있지만 단순 유심론이 아니라 철학적인 술어로 말하면 구체적 유심론입니다. 이것은 『화엄경華嚴經』에서 말하는 일체유심조라, "모두가 다 마음으로 되어 있다"는 입장입니다.

이렇게 말하면 일반인들은 꽹장히 저항을 갖습니다. "내 몸도 물질이고 세상의 과학 문명이 모두가 다 물질로 된 것인데 어떻게 해서 모두가 마음일 것인가?" 그리고 부처님 가르침을 믿고 상당히 수행을 했다 하더라도 눈에 보이는 모두가 다 물질 뿐이라서 '만법유심萬法唯心'이라는 것에 대해서 저항을 느낍니다.

이 마음은 상대적인 너나 나나 하는 그런 마음이 아니라 우주의 본바탕으로서의 이른바 성령性靈 기운을 말하는 것입니다. 질료가 아닌 공간성과 시간성과 인과율因果律에 얽매이지 않은 즉 말하자면 시공時空과 인과율을 초월한 하나의 영체靈體를 가리켜서 마음이라고 합니다.

사람이 아닌 일반 동물은 '안眼·이耳·비鼻·설舌·신身', 눈으로 보고, 귀로 듣고, 코로 냄새 맡고, 혀로 입맛을 알고, 몸으로 촉각을 느끼는 5관五官을 씁니다. 그러나 인간은 동물보다 더 진일보해서 『반야심경般若心經』에도 있듯이 '안·이·비·설·신·의意'로 의식까지를 씁니다. 그런데 보통 사람들은 인간의 의식을 통해 보는 인식을 너무 신뢰합니다.

그리스 철인인 프로타고라스 같은 분도 "인간은 만물의 척도"라고 했습니다. 예를 들어 물질 자체가 있는 그대로 우리한테 보이는 것이 아니라 인간의 주관에 의존해서 푸르게 누르게 보이는 것이지 푸르고 누런 것이 원래 실존적으로 있지 않다는 말입니다. 다만 인간의 시각 따라서 푸르게 보이고 누렇게 보입니다.

같은 물이라도 그야말로 사람이 보면 물이고 귀신이 보면 피로 보이고 천상인간이 보면 유리로 보이고 고기는 자기가 사는 집으로 본다고 하듯이 그 사람의 시각 따라서 달리 봅니다. 같은 사람도 "수행의 정도가 깊은가, 옅은가"에 따라 달리 봅니다. 하나의 수학적인 문제도 초등학생이 보는 것과 중학생이 보는 것이 차이가 있듯이 우리가 보는 물질이란 것도 역시 실존적인 물질 자체가 아니라 인간의 주관에 비추어서 봅니다.

그런데 보통은 '안·이·비·설·신·의'에 비추어진 것을 "좋다 궂다, 옳다 그르다" 합니다. 그러나 인간은 거기에서 그치는 것이 아니라 안·이·비·설·신·의 6식識까지는 쓰는 것이고 그 저변에 잠재의식, 심층의식인 말나식末那識이라는 제7식이 있습니다.

그러면 7식은 어디서 나왔는가. 7식은 그것이 가장 저변이 아니라 더 깊은 식인 제8식인 아뢰야식阿賴耶識이 있습니다. 또 아뢰야식 그것도 끄트머리가 아니라 아뢰야식의 근본은 제9식인 암마라식菴摩羅識입니다. 암마라식은 이른바 불교에서 말하는 불성佛性입니다. 따라서 우리가 현재 6식밖에는 못쓰고 있고, 그리고 인간이 아닌 동물은 5식밖에는 못쓰고 있다 하더라도 5관五官이 있으니까 5식은 쓰지만 일반 식물은 5관도 없습니다. 그러나 모두 본래 구경적인 불성을 가지고 있습니다.

불교에서는 그런 동물이나 식물이나 광물같은 것만의 본질이 불성이 아니라 눈에 안 보이는 하나의 미시적인 세계, 산소라든가 수소라든가 또는 더 미세하게 분석해서 가장 작은 알갱이인 소립자素粒子까지 모두가 다 하나의 불성 위에서 이루어진 에너지의 파동으로 보는 것입니다.

대체로 물리학을 하신 분들은 아시는 바와 같이 에너지가 곧 물질이요. 물질이 곧 에너지라고 하지 않습니까. 물질을 파괴하면 물질은 형체는 사라지지만 에너지는 남습니다. 에너지는 영구히 멸해지지가 않습니다. 에너지는 영생永生합니다. 따라서 『반야심경』에서 말하는 색즉공色卽空 공즉색空卽色이라, 색色은 현상계 물질을 말합니다. 색은 즉 공空이요. 그런데 그 공이 허무하다면 나중에 공즉색이 나올 수가 없지요. 색즉공의 공은 아무것도 없는 그런 공이 아니라 시간·공간성을 띤 질료는 아니겠지만 하나의 심심미묘한 생명이기 때문에 공 가운데서 다시 인연 따라서 색이 나옵니다. 물질이 즉 에너지요, 에너지가 즉 물질이라는 것이나 불교에서 말하는 색즉공이나 공즉색이나 다 같은 뜻입니다.

어떤 분들은 그런 물리학적인 술어를 말하면 상당히 저항을 느낍니다. "부처님 뜻은 보다 더 깊은 것인데 왜 그렇게 쉽게 말하는가", 언어라는 것이 모든 것을 다 표현할 수가 없습니다. 언어에 걸리면 공부를 못합니다.

물질이라 하더라도 하나의 에너지의 파동에 불과합니다. 이런 것을 일본인 다니구찌 마사하루 같은 분은 꾕장히 강력하게 말씀을 하고 있습니다.

금타대화상의 학설 천문학 부분에 에너지를 '쇠 금金'자 '티끌 진塵'자 금진金塵이라 하는데 금진이 좌左로 선행旋行할 때는 양자陽子가 되고 즉 자기磁氣가 나오고, 금진이 우右로 선행할 때는 전자電磁가 돼서 전기電氣가 나온다고 합니다. 이런 학설은 금타대화상이 처음 세우신 것인데 제가 실험을 다 안해서 확증은 못합니다만 확신은 합니다. 그와 같이 도인들은 투철한 직관력으로 보기 때문에 오류가 있을 수가 없습니다.

세세한 문제에 관해서는 표현의 차이가 있을수 있겠지만 아무튼 천지우주는 하나의 에너지, 불교 용어로 말하면 일체의 여러 가지 가능을 갖춘 순수한 불성입니다. 불성은 다시 표현하면 금강륜金剛輪 또는 금진金塵이라고도 합니다. 그럼, 동력動力은 무엇이겠습니까.

그리스 철인 엠페도클레스는 물질이라는 것은 미움과 사랑 때문에 생긴다는 이론을 정립시켰습니다. 이것을 다시 표현하면, 우리 중생이 싫어하는 염력이 순수에너지를 오른쪽으로 선회시켜서 동력이 되고 우리가 탐욕심을 내면 좋아하는 염력이 순수에너지를 왼쪽으로 선회를 시킵니다. 이것이 하나의 함수관계가 되어서 지수화풍地水火風 사대四大가 나온다는 것을 엠페도클레스라는 철인도 말했습니다.

금타대화상의 법문에도 우주의 질량, 열량을 수치로 표시한 것이 있는데 그중 가장 근원적인 것도 역시 어떻게 해서 물질이 나왔는가 하는 문제입니다.

 19세기 철인 가운데서 듀포아랜드라는 분도 3불가사의, 7불가사의를 말한 가운데서 가장 부사의한 것은 "물질이란 무엇인가?"하는 문제입니다. 또는 "마음이란 무엇인가?", "마음과 물질이라는 것은 어떤 관계성이 있는 것인가?", 이 세가지 문제가 가장 부사의한 의문으로 남습니다. 이런 문제는 결국은 성자가 아니면 알 수가 없습니다.

 인간의 지혜란 항상 상대적인 것에 머물기 때문에 상대성을 떠나면 형이상학적인 문제는 인간의 지혜로는 알 수가 없습니다. 형이상학적인 것을 알려면 직관력으로 성자의 밝은 안목을 떠나서는 알 수가 없습니다. 따라서 범부凡夫의 지혜로 해서는 성자가 해 놓은 것을 믿을 수밖에 없습니다. 제아무리 고성능 전자현미경으로 본다 하더라도, 물질의 저편인 피안彼岸은 알 수가 없습니다.

 우주의 순수에너지가 어떻게 해서 물질이 되었는가 하는 문제는 누가 정확히 말한 분이 없었는데 부처님께서 비로소 말씀을 했습니다. 부처님 당시는 세밀하게 말할 필요가 없으니까 물질이라는 것은 그냥 중생의 업력業力 소치라고만 표현하셨습니다.

 불교 우주론에서는 우주가 나중에는 텅 비어 버립니다. 우주가 파괴되어 텅 비어 버리면 사용할 수 없는 에너지 엔트로피 상태입니다.

이와 같이 우리가 무엇을 사용해 버리면 사용할 수 없는 에너지의 찌꺼기가 남는데 이것이 쌓이고 쌓이면 나중에는 산화가 되어서 천지우주가 다 타버린 셈이지요. 그때는 괴겁壞劫이라, 우주가 결국 파괴되고 마는 것입니다. 그러니까 우주가 성겁成劫이라, 즉 이루어지고, 주겁住劫이라는 기간에는 생물이 살고, 괴겁壞劫에는 생물이 살다가 우주가 불타서 파괴되고 맙니다. 공겁이라, 통 비어 질료는 조금도 없고 텅 비어서 에너지만 남습니다. "에너지만 남으면 허무하지 않은가?", 에너지는 바로 불성佛性이기 때문에 불성 가운데 무한한 가능의 에너지로 차 있습니다. 이것이 이른바 불성공덕佛性功德 아닙니까. 그러므로 자비로운 기운, 지혜로운 기운이 거기에 충만해 있습니다. 더 부연시키면 다섯 가지 지혜 또는 백사십불공법百四十不共法이라, 불성 가운데 들어 있는 공덕을 백사십 종류로 구분합니다. 이와 같이 불교는 세밀합니다. 상징적으로 말하자면 마이너스 기운은 자비慈悲에 해당하고 플러스 기운은 지혜에 해당합니다.

인격적으로 표현하면 자비와 지혜입니다. 불성도 하나의 성품으로 보면 불성이지만 인격적으로 표현하면 부처님이라 합니다.

텅 비어버리지만 그 가운데는 자비로운 기운, 지혜로운 기운이 꽉 차 있습니다. 자비로운 기운과 지혜로운 기운이 똑같으면 마이너스 플러스가 제로가 되어 다시 성겁成劫이 일어나지 않지요. 그러나 마이너스 플러스 기운이 차이가 있기 때문에 비로소 동력이 생기는 것입니다. 동動합니다.

말하자면 중생의 업력業力이라 표현할 수 있습니다. 그러니까 그와 같이 공겁空劫이 되었다 하더라도 인격적인 의미에서 생각할 때는 우리같이 원소로 구성된 몸은 존재하지 못합니다.

심식心識만 존재하는 중생이 있습니다. 천지우주가 다 파괴된다 하더라도 우리 중생 가운데서 부처가 미처 못된 의식만 있는 중생이 있습니다. 의식만 있는 중생들이 생각을 합니다. 싫어하고 좋아하는 생각 말입니다. 좋아하는 생각은 인력引力이 되고 싫어하는 생각은 척력斥力입니다. 그것이 정화되면 자비慈悲와 지혜가 됩니다. 그렇기 때문에 번뇌煩惱가 즉 보리菩提요, 보리가 즉 번뇌입니다. 우리가 잘 활용하면 그 근본성품은 결국은 자비요 지혜인데, 우리 중생이 잘못 쓰면 미움과 탐욕이 됩니다.

의식만 있는 중생들이 싫어하면 불성을 우로 선회시켜 전자가 되고 또 좋아하는 생각이 있으면 그것이 동력이 되어서 불성을 좌로 선회를 시켜 그것이 자기가 되어서 중성자, 중간자가 됩니다. 이렇게 되어서 양성자나 중성자를 핵으로 해서 전자가 뱅뱅 도는 원자가 됩니다.

이렇게 쌓이고 쌓여서 무수한 중생들의 싫어하고 좋아하는 마음이 동력이 되어서 중생들의 공업력共業力으로 천지우주를 구성합니다. 그래서 지구요, 별이요, 화성이요, 금성이요 하는 것도 우리 중생이 에너지 차원을 못 보니까 그러는 것이지 에너지 차원에서 본다고 생각할 때에는 모두가 불성으로 에너지로 보입니다.

인간성과 우주의 본바탕을 확실히 봐야 성자인 것입니다. 우리는 성자와 범부의 차이를 분명히 구분해서 알아야 합니다. 범부는 근본 우주의 실상實相을 못 보지만 성자는 우주의 근본 실상을 봅니다.

부처님 공부는 어떤 공부든지 간에 "불성을 어떻게 봐야 할 것인가", 거기에 따라서 부처님의 수행법이 갈라지는 것입니다. 우선 '옴마니반메훔'을 두고 본다 하더라도, 티베트불교의 고승들은 다 '옴마니반메훔'을 합니다. 한국도 진각종에서는 '옴마니반메훔'을 주로 합니다. 또 우리 전통적인 불가에서도 관세음보살觀世音菩薩 본심미묘진언本心微妙眞言이라 해서 '옴마니반메훔'을 합니다. 그런데 그런 진언들은 '오종불번五種不翻'이라 해서 우리가 함부로 번역을 못합니다. 왜냐하면 그 속에 매우 많은 뜻이 포함되어 있어서 우리 중생의 제한된 말이나 문자로 표현할 수 없어서 그렇습니다. 그러나 중생의 호기심이라는 것이 한도 끝도 없어서 중생의 호기심에 맞추기 위해서 번역한 것이 있습니다. "영원한 부처님의 광명", 그렇게 번역이 됩니다.

불성佛性이란 것은 순수한 에너지인데 심심미묘한 무량 지혜를 갖춘 하나의 빛입니다. 빛이란 개념이 굉장히 중요합니다. 태양광선 같은 눈부신 광명이 아니라 불교 용어로 적광寂光이라, 고요한 광명 또는 정광淨光입니다. 이런 정광·적광이라는 개념이 우리한테는 굉장히 필요합니다. 우리가 공부하다 보면 자기가 정화됨에 따라서 차근차근 광명과 접근되어 삽니다. 기도를 깊이 모신 분들 가운데 광명을 감득感得하지 않으신 분들이 없습니다. 사실은 그런 광명을 감득해야 환희심이 납니다. 또는 평소에 몰랐던 것이 머리에 마치 번개 모양으로 반짝입니다.

우리 생명의 근본이 되는 불성이라는 것은 그렇게 소중한 것입니다. 그렇게 소중하니까 소신공양燒身供養이라, '태울 소燒'자 '몸 신身'자 몸을 불사르기도 하고 무수한 사람들이 순교도 하는 것입니다.

예수님 같은 분도 얼마든지 피할 수 있었는데 짐짓 십자가에 올라가서서 생명의 실상實相을 변증한 셈이지요. "사람 몸뚱아리는 허망한 것이다. 사람의 진정한 몸뚱아리는 우리 마음에 있다"는 것을 변증하기 위해서 그와 같이 십자가에 못 박히신 것입니다. 우리가 이와 같이 생명의 실상을 생각할 때에는 사바세계의 허망한 것에 대해 깊이 느껴야 하는 것입니다.

우리 몸이라는 것은 중생의 업력 기관, 중생의 업業을 짓는다고 『지관론止觀論』에 나옵니다. 업을 지어 놓으면 그 업의 여러 가지 조합으로 해서 '업의 가화합假和合'이라, 업이 가짜로 화합합니다. 업이 화합돼서 '종중연생從衆緣生'이라, 인연 따라서 나옵니다.

석가모니께서 보리수 아래서 깨달으실 때는 주로 12인연법十二因緣法으로 깨달으신 것입니다. "나는 무엇인가? 내가 태어나기 전에는 내가 어디서 나왔는가?", 당연히 엄마 뱃속에서 나왔겠지요. "엄마의 뱃속에서 나오기 전에는 나는 무엇인가?", 엄마의 태에 의지해서 뱃속에서 나올 때까지는 아는데 엄마한테 의지해서 나오기 전에 대해서는 잘 모릅니다. 이렇게 소급해서 생각이 올라가고 올라가서 결국은 "우주의 끝은 무엇인가?"로 마음이 모아집니다.

마음이 산란스러우면 상대적인 것에 머무르는 것인데, 마음이 하나로 딱 모이면 우리 정신의 근본 뿌리가 불성이기 때문에 집중하는 힘으로 해서 우리 마음이 차근차근 깊이 파고 들어 갑니다. "우리의 전생이 무엇인가?", 이렇게 파고 들어가서 생각하고 생각하니까 일념으로 확 열려 버려서 과거를 알 수 있습니다.

도인들이 공부해서 마음이 열릴 때 맨 처음 나오는 신통神通이 숙명통宿命通입니다. 숙명통은 과거를 다 압니다. 자기 전생도 다 압니다. 과거를 알고 보면 하나의 영체靈體가 자기 아버지·어머니 생명 파장에 걸려서 왔습니다. 우리 모두가 다 하나의 영체로 헤매다가 아버지·어머니의 그런 파장에 걸려서 온 것입니다. 그렇게 돼서 어머니 배안에서 영양 섭취하고, 나서는 젖먹고 영양을 섭취합니다. 그렇게 해서 우리 몸뚱아리가 생깁니다.

따라서 이것은 가화합假和合으로 산소·수소·탄소·질소 같은 성분들이 세포의 성분이 되어서 모였습니다. 중생의 업력 기관으로 해서 종중연생從衆緣生이라, 뭇 인연 따라서 이와 같이 생명이 났는데 사실은 이것이 실체가 아닙니다. 각 원소가 다 가짜로 임시로 화합되어서 잠시도 그대로 있지 않습니다.

　가장 중요한 번뇌煩惱가 "몸뚱아리, 이것이 소중하다"는 것입니다. 대체로 내 몸은 무엇입니까? 각 분자가 합해서 되었습니다. 또 우리가 죽어진 다음에는 산소는 산소대로 수소는 수소대로 다 흩어져 버립니다.

　그럼, 남는 것은 무엇입니까? 눈에 보이는 세계만 긍정하는 사람들은 영혼을 부인해 버립니다. 아기가 엄마의 태 안에 의지할 때 그것을 하나의 물질로만 생각하는 사람들은 영혼이 안 보이기 때문에 아무것도 없다고 생각합니다. 부모님의 피가 결합되어서 비로소 결국은 하나의 생명이 나왔다고 생각합니다.

　그러나 물질 저쪽 세계를 보는 도인들의 안목은 그렇게 안 봅니다. 분명히 하나의 생명이 과거에도 사람 됐다가 뭣도 됐다가 했겠지요. 하나의 생명이 마치 귀신이 헤매듯이 헤매다가 부모님의 생명 파장하고 맞으면 걸려 옵니다. 왔다가 죽으면 몸뚱아리는 결국은 각 원소로 분해되고 영체만 남습니다. 금생에 내 영혼의 성숙된 정도만 남습니다.

저희 절은 매일매일 구병시식救病施食을 합니다. 귀신 때문에 어디가 아프고 하면 부처님 법으로 해서 귀신을 떼기도 하고 또 인연이 닿으면 즉각 약을 쓰지 않아도 낫기도 합니다. 이렇게 합니다만 대개 젊어서 죽은 영혼이라든가, 총을 맞아 죽었다든가, 갑자기 교통사고를 만나서 죽었다든가 하는 영혼들은 바로 못 갑니다. 나이 먹어서 자기가 생사관生死觀에 투철하고 자기 갈 곳을 아는 사람들은 그냥 바로 갈 수가 있고, 간다 하더라도 역시 가는 곳이 영혼의 성숙도에 따라 차이가 있습니다. 아주 나쁜 영혼은 저 밑으로 뚝 떨어져서 지옥 같은 데도 분명히 가는 것입니다.

지금 불교를 믿는 분들은 지옥, 아귀 그러면 "부처님께서 하나의 방편으로 해서 그렇게 말씀하셨겠지" 하고 생각합니다. 그러나 우리 인간의 제한된 시각에서 볼 수 없는 세계에 분명히 지옥 중생이 영체로 있는 것입니다. 귀신이 분명히 있듯이 말입니다. 사실 여러분들이 귀신이 의심스러우면 점쟁이들을 몇 사람 만나서 이야기를 해 보십시오. 보통 점쟁이들은 귀신을 봅니다.

따라서 우리가 죽은 뒤에도 역시 몸은 흐트러진다 하더라도 우리 심식心識은 남습니다. 말하자면 의식意識, 말나식末那識, 아뢰야식阿賴耶識, 암마라식菴摩羅識은 끝내 남습니다. 불성佛性은 가장 본질이기 때문에 조금도 중단이 없지요.

우리 몸뚱아리에 대한 하나의 애착 때문에 인간이 여러 가지 고난도 많고 시비도 많고 합니다만, 따지고 보면 결국은 이 몸뚱아리를 보배덩어리로 생각하기 때문에 모든 죄악의 씨앗이 됩니다. 손가락에 반지를 몇 개나 끼고 하는 것도 모두가 다 몸뚱아리를 아껴서 하는 것 아닙니까.

이와 같이 우리 몸뚱아리라는 것이 물리학적으로 생각해 보면 결국은 뻔한 것인데, 각 원소가 분자가 돼서 모인 것에 불과한 것인데 영양을 잘 공급하면 힘이 더 날 것이고 덜 공급하면 덜 나오고 하겠지요. 그러나 그것은 생명의 본질은 아닙니다. 하나의 껍질에 불과합니다.

따라서 이 몸뚱아리에 대한 애착을 못 버리면 신앙 생활은 절대로 못하는 것입니다. 그러니까 불교에서나 기독교에서나 고행이 있지요. 예수님께서 무슨 필요로 밥 한끼도 굶기가 어려운 것인데 요단강 광야에서 40일 동안이나 금식기도를 했겠습니까. 우리는 그런 저런 문제들을 깊이 생각해야 합니다. 이 몸뚱아리라는 것이 꼭 몇 칼로리를 먹어야만 사는 것은 아닙니다.

단식을 해보면 짐작이 갑니다. 베트남의 메디콩 같은 사람은 반체제 스님인데 정부군한테 구속돼서 옥중에서 100일 동안 단식을 했습니다. 그러니까 거짓말도 못하겠지요. 옥중에서 물만으로 100일 동안 살았는데 그것도 그냥 산 것이 아니라 아침저녁으로 2시간씩,

하루 4시간씩 염불을 했습니다. 우리 생명이라 하는 것은 우리 마음, 식識에 있습니다. 몸뚱아리는 결국 하나의 보조에 불과합니다. 영양도 보조에 불과합니다.

저는 40대에 광주 동광사에서 지도법사로 몇 개월간 소임을 맡은 적이 있습니다만, 그때 보름동안 단식을 했습니다. 단식을 하는 동안 제가 일주일에 두 번씩 가서 법문을 한다고 했는데 옆에서 제가 법문을 나가려고 하면 만류를 합니다. "보름동안 단식을 하고 쓰러지면 어떻게 할 것이냐"고, 그러나 제가 평소에 말더듬이지만 제 평생에 그때에 보름동안 단식하고 나가서 처음으로 말을 잘 했습니다. 한 번도 말을 더듬지 않고 잘 했습니다.

아무튼 생명 자체의 본질이라는 것은 마음에 있는 것이지, 즉 식에 있는 것이지 육체에 있지 않습니다. 몸과 마음은 분리된 것이 아니라 하나이기 때문입니다. 몸이 즉 마음이요, 마음이 즉 몸이라서 몸이 건전하면 마음도 건전하고 몸이 취약하면 마음도 취약하기 때문에 둘로 볼 수가 없는 것입니다. 하여튼, 몸이라는 것은 우리 마음 따라서 이루어졌습니다. 우리 눈썹 하나, 우리 치아 하나가 다 우리가 지은대로 생겨나는 것입니다. 관상을 보는 사람들은 우리의 치아가 생긴 것만 보고도 그 사람의 성품을 압니다. 머리 색깔 보고도 그 사람의 성품을 압니다. 그렇게 우리 몸과 마음은 둘이 아닙니다.

아무튼 너무나 빗나갔습니다만, "우리 마음이란 것이 어떤 것인가?" 마음, 이것이 우주의 본바탕이고, 우리 인생의 본바탕입니다. 몸이라는 것은 결국은 30년, 또는 50년, 80년 그때그때 인연 따라서 쓰는 것에 불과하기 때문에 몸을 위해 너무 봉사할 필요가 없습니다. 너무 지나치게 봉사하면 문제가 생깁니다. 자기 몸뚱아리는 좋고 남의 몸뚱아리는 가볍게 여깁니다. 내 몸뚱아리가 좋으니까 자기 권속, 자기 아내, 자기 자식의 몸뚱아리도 좋다고 생각하니 결국 인생이라는 것이 그야말로 싸움이 되고 마는 셈입니다. 그러나 몸은 하나의 종에 불과한 것이고 즉 다시 말하면 소리에 따르는 메아리, 형체에 따르는 그림자에 불과한 것입니다. 메아리, 그림자에 불과하다는 것을 분명히 알아야 만이 자기 몸뚱아리에 대한 지나친 집착을 안 하는 것입니다.

지나친 집착을 여의는 것이 불교적인 표현으로 하면 이른바 고행생활입니다. 따라서 저희 같은 수행자는 뭘 많이 먹는 것을 좋게 생각하는 것이 아니고, 가장 좋은 옷을 입은 사람이 가장 높은 스님도 아닙니다. 될수록 골라서 누더기를 입습니다. 그러니까 가장 못 먹고, 가장 못 입고, 가장 못 살면서 정신적인 면만 최고도로 정화하는 것이 출가수행자의 본분입니다.

그렇기 때문에 부처님 당시에 출가 수행자들은 사의지四依止를 지켰습니다. 가장 알찬 행동 네 가지를 보면 분소의糞掃衣라, 우리 옷은

똥 묻은 밑씻개나 할 수 있는 그런 누더기를 깨끗이 빨아서 누벼서 옷을 해 입습니다. 그리고 수하좌樹下坐라, 집에서 자지 않고 항시 나무 밑이나 돌이나 아무데나 잡니다. 그리고 상걸식常乞食이라, 항시 얻어서 먹고 얻어 먹더라도 많이 먹지 않고 주먹으로 하나쯤 되게 먹고 맙니다. 이것이 수행자의 표본입니다. 그와 같이 청빈했던 것입니다.

그러나 근기가 다 같지 않기 때문에 또 집단적으로 공부할 필요가 있기 때문에 절이 생겼습니다. 그러나 우리 승려가 기본 정신만은 잊지 말아야 청빈과 경건한 생활을 할 수가 있습니다.

아무튼 우리 마음이라는 것이 우주의 본체입니다. 마음이, 불성佛性이 그때그때 인연 따라서 선회해서 우로 선회하면 전자가 되고, 불성이 좌로 선회하면 양자가 되더라도 불성 그것에는 조금도 훼손이 없습니다. 불성이 좌로 진동해서 양자가 되고 중성자가 됐다 하더라도 역시 중성자 그걸로 굳어버리는 것이 아니라 불성 차원에서는 조금도 변질이 없습니다.

순금으로 가락지를 만드나 무얼 만드나 순금이라는 성품은 조금도 변질이 없듯이 불성, 이것은 탄소가 되나 빛도 안 나는 그런 하나의 쇠뭉치가 된다 하더라도 역시 불성 차원에서는 변치 않습니다. 이것이 가장 중요합니다.

이렇게 인연 따라서 천차만별로 모든 것이 된다 하더라도 예쁜 사람, 미운 사람이 된다 하더라도 역시 사람이 되었어도 불성이라는 것에는 조금도 변질이 없습니다. 변질이 없으니까 불성을 볼 수 있는 명확하고 영롱한 안목으로 본다고 생각할 때에는 다 불성으로 보입니다.

사람이 되어도 불성은 변함이 없고, 무쇠가 되어도 변함이 없고, 가령 더러운 똥이 되어도 변함이 없기 때문에 운문스님한테 가서 "여하시불如何是佛잇고? 부처란 무엇입니까?" 물으니까 "똥 마른 막대기"라 했습니다. "부처란 무엇입니까?" 물을 때는 부처란 것은 초월적이고 존귀하다고 생각돼서 물었겠지요. 물었을 때 운문스님이 본다고 생각할 때는 부처란 것은 존귀한 것만이 부처가 아니라, 똥이나 뭣이나 모두가 부처입니다. 그래서 "똥 마른 막대기", 이렇게 말했습니다. 그런데 사람들이 "부처란 것은 위대한 것인데 왜 똥 마른 막대기란 말인가.", 그렇게 의심하다 보면 의심하는 그것으로서 마음이 모아집니다. 마음이 모아지면 그 집중력으로 해서 마음이 트입니다. 마음이 트이고 모아져 깊이 파고 들어가면 불성까지 확 트입니다. 확 트이면 그때는 깨달아집니다. 똥이나 먼지나 모두가 불성으로만 보이니까. "똥 마른 막대기를 부처라 했구나" 하고 확연히 알 수가 있게 될 것입니다.

아무튼 이와 같이 천지우주, 산하대지, 준동함령蠢動含靈 두두물물

頭頭物物이 모두가 다 불성 아님이 없습니다. 이것 보고 '타성일편打成一片'이라 합니다. 이 문구는 꼭 염두에 두기 바랍니다. '때릴 타打'자, 타파한다는 타자 말입니다. '이룰 성成'자 '한 일一'자 '조각 편片'자 오직 우주 모두를 하나의 것으로 통일시켜 버립니다. 이렇게 하면 굉장히 마음이 편한 것입니다.

"전자란 무엇이고, 양자란 무엇이고, 소립자란 무엇이고..." 이런 저런 정보가 너무 많으니까 다 몰아서 만법귀일萬法歸一이라, 하나의 것으로 통일을 시키면 참 편한 것입니다. 불성은 행복도 충만하고 지혜나 모두가 완전 무결한 것이기 때문에 다 통일이 됩니다.

지금도 문맹이 많습니다만 부처님 당시 인도 지방은 문맹이 대부분이었겠지요. 따라서 그 당시는 고도한 법문을 할 수가 없습니다. "제법諸法이 공空이라, 또는 일체만유一切萬有가 꿈이요 허깨비요 그림자라.", 이렇게 말해도 알 수가 없습니다.

그러니까 초기법문은 법문이 쉽습니다. 선도 있고, 악도 있고, 내가 있고, 네가 있고 중생 차원에서 될수록 나쁜 짓 하지 말고, 좋은 일하고 즉 말하자면 낮은 차원의 윤리만을 주로 말씀했습니다.

따라서 수행법도 그때는 부정관不淨觀이라, 사람 몸뚱아리에는 눈물·콧물·오줌·침 등 결국은 더러운 것뿐입니다. 아무리 미인이라 하더라도 껍질을 벗겨 놓으면 미인이 될 수가 없습니다. 껍질을 둘렀으니까 예쁘게 보는 것이지, 껍질을 벗기면 내내야 살덩어리고 선지피만 흐르고 하겠지요. 그렇기 때문에 그와 같이 "인간은 더러운 것뿐이다"고 생각하는 것입니다. 무식한 때라서 응당 그렇게 하겠지만 어째서 부정관을 시켰는가 하면 사람들은 자기 몸뚱아리만 생각합니다. 살밑에는 피가 있고 고름이 있고 생각하면 생각할수록 더러운 것뿐입니다. 그러다 죽으면 시체로 썩어져 가는 것이고, 또 불로 태우면 재만 남는 것이고 이 몸뚱아리는 처음부터 끝까지 모두 다 오염된 것뿐입니다. 어머니 태내의 더러운 데서 지내다가 나오고 말입니다. 하여튼 날때부터 죽을 때까지 사뭇 더러운 것뿐입니다.

이렇게 생각하면 결국에는 "몸뚱아리에 집착할 필요가 없구나. 이런 것 가지고서 내 생명을 낭비할 필요가 없구나." 해서 부정관의 공부가 익어지고 차근차근 깊이 들어가면 욕심이 줄어드는 것입니다.

우리 마음이 불성 쪽으로 접근되면 접근된 만큼 자기 몸에 대한 집착은 차근차근 희미해집니다. 희미해지면 희미해진 만큼 법을 더 아는 것입니다. 스승한테 안 배워도 가슴도 시원해지고 머리도 시원해지고 눈도 시원해져 지혜가 나옵니다.

어제 서강대에서 공부한 30대 청년이 한 명 왔는데 그분 말이 조리가 딱 섭니다. 그런데 가만히 보니까 선신善神, 하나의 신장이 붙어 있었습니다. 접신接神이 되어 있었습니다 인간은 선신보다는 의식 차원이 조금 더 밑에 있겠지요. 인간이 모르는 것을 선신은 다 아는 것이고, 귀신도 사람보다 훨씬 더 미련한 귀신도 있습니다. 분명히 있지만 귀신이라는 것은 몸이 없어놔서 사람은 몸에 집착하고 가려서 잘 모르는 것인데 몸만 없으면 확실히 다 아는 것입니다.

미국에서 일어나는 사태 같은 것도 귀신들은 봅니다. 확실히는 못 봐도 어렴풋이는 보는 것입니다. 역시 그렇게 몸이 없어가지고 시공時空에 대한 제한을 안 받는 것입니다. 우주란 것은 그와 같이 신비에 찬 것입니다. 귀신이나 사람이나 모두가 다 근본 성품은 불성佛性이기 때문에 결국 몸뚱아리와 같은 장애만 떠나 버리면 다 보이는 것입니다.

그래서 부처님 당시는 진심瞋心이 많아서 조금만 기분이 상하면 핏대를 올려서 남을 증오하는 사람들에게는 '자비관慈悲觀'을 주로 권했습니다. 자기가 제일 좋아하는 사람을 생각하면 마음이 좋아집니다. 그래서 가까운 사람을 항시 생각합니다. 가까운 사람들을 생각하다 보면 좋아하는 마음이 잠재의식에 딱 박혀서 차근차근 다른 사람도 사랑합니다. 그와 같이 진심이 많은 사람들은 가까운 사람들을 생각해서 자비심을 더욱 더 확장을 시킵니다.

이치를 몰라서 미련한 사람들에게는 '인연관因緣觀'을 주로 하라고 했습니다. 중생들은 보통 원인은 생각을 않고서 결과만 보고서 따집니다. 무슨 사태가 일어나도 그냥 결과만 보고서 선악을 판단하고 남을 경계하고 심판합니다. 그러나 원인을 생각할 때는 그렇게 할 수가 없는 것입니다. 그런데 원인과 결과, 인과因果를 가려서 생각하다 보면 마음이 차근차근 트여 갑니다.

　부처님 법은 인과법입니다. 인과를 따져가다가 "가장 시초의 원인이 무엇인가?" 하면 불성입니다. 올라가고 올라가고 분석하고 따져보면 물질도 분석하고 분석하고 알갱이를 나누고 나누고 하다 보면 텅 비어버리는데 텅 빈 에너지가 바로 불성이기 때문에 사람 몸도 마찬가지고 우리 생각도 의식意識, 말나식末那識, 아뢰야식阿賴耶識, 암마라식菴摩羅識에 이르러 결국은 부처가 되어버립니다. 하나의 티끌로 보나, 하나의 물로 보나, 그렇게 어느 면으로 보나 결국은 모두가 각 원자로 구성되어 있어서 원자의 근본이 불성이기 때문에 어떤 것이든지 분석해 들어가면 결국은 불성이 되어 버립니다.

　불성광명佛性光明, 이것은 천지를 훤히 비추는 것입니다. 천지를 무장무애無障無礙로 비추는 것입니다. 우리는 이런 확신을 꼭 가지셔야 됩니다. 이런 확신도 역시 공부에 따라서 크고 적고 합니다. 공부가 차근차근 깊어지면 지금은 안 보이지만 "내 인간성의 근본인 불성광명은 우주를 훤히 비춘다.", 이와같이 확신이 서는 것입니다. 또 공부가 되어서 맑을 때는 저쪽도 볼 수가 있는 것입니다.

　그래서 이른바 천안통天眼通이라는 것은 시공을 초월해서 봅니다.

금타대화상의 천문학은 천안통이 아니고서는 도저히 납득할 수가 없는 것입니다. 천안통을 했으니까 지구의 내면, 화성의 내면, 수성의 내면 또 각 성수의 질량, 열량 전부를 수치화할 수 있습니다.

인간의 마음이란 것은 그렇게 소중한 것입니다. 우리는 인간성이 소중한 것을 깊이 느껴야 합니다. 그렇게 소중한 마음인데, 소중한 마음을 멀리합니다. 무엇 때문에 멀리하는 것인가. 이 몸뚱아리 때문이겠지요. 그래서 인도에서는 이 몸뚱아리가 싫으니까 자기 스스로 칼로 찔러서 죽기도 하고 하니까 나중에 부처님께서 그건 안 된다고 자살을 금했습니다. 사실은 우리가 자기 몸뚱아리 더러운 것을 생각하면 당장 죽고 싶은 생각이 있겠지만 그렇더라도 역시 우리 본바탕은 부처입니다. 한 생각 바꾸어지면 결국은 천안통도 하고, 천지우주를 다 삼킬 수 있는 그런 지혜가 누구한테나 갖추어져 있으니까 우리가 그쪽에다가 비전을 둔다고 생각할 때는 비로소 살맛이 나게 되겠지요. 그래서 초기에는 그와 같이 우리 눈으로 보는 그런 경계에 맞춰 우리 수행 방법을 말씀했습니다.

염불念佛이란 것도 우리가 부처님을 찾고자 해서 하는 것이기 때문에 우리가 "똥 마른 막대기"라는 화두話頭를 가지고 애써 마음을 통일시킬 수 있는 것인데, 하물며 '나무아미타불'이나 '관세음보살'에다 마음을 집중시키지 못할 까닭이 없겠지요. 염불이 가장 하기가 쉽습니다. 이 세상의 이름 가운데 가장 소중한 이름이 부처님 이름이니까 말입니다.

어느 불자님 말씀이 "제 평생 나무아미타불, 관세음보살만 해도 너무나 짧습니다."라고 합니다. 그이가 아직 젊은 분인데 참 귀한 말을 했습니다.

그런데 여러 가지 수행법이 많이 있습니다만, 바로 불성佛性을 말하지 못하고 현상적인 문제에 의지해서 불성으로 가는 쪽으로 얘기합니다. 그런데 방편을 떠난 진실설은 근기가 있고 이론적으로 체계도 있고 또 본체를 얘기해도 알아들을만한 정도가 되면 불성을 바로 얘기합니다.

이것이 불교에서 말하는 '교외별전敎外別傳', 부처님께서 말씀하신 교敎밖의 '직지인심直指人心', 바로 마음을 얘기합니다. 그대가 학식이 있고, 몸이 있고, 여러 가지 이론 체계가 많이 있지만 바로 그대 마음이 부처와 같습니다. 이와 같이 즉심시불卽心是佛이라, 그대가 지금 남을 미워도 하고, 좋아도 하고 그렇게 분별하는 그 "마음이 바로 부처"입니다. 이와 같이 직지인심이라, '곧 직直'자 '가리킬 지指'자 '사람 인人'자 '마음 심心'자 그 사람 마음을 딱 집어서 "그 마음이 바로 부처다.", 그런 법문이 가장 고도한 법문입니다.

이것도 있고 저것도 있고 이론적으로 여러 가지 체계가 많이 있지만, 우리 중생들은 마음이 소중한 줄을 모르고서 항시 겉만 중요하다고 생각합니다. 그러니까 처음에는 "모두가 허깨비 같고, 꿈같고 공空이다.", 그렇게 강조하다가 일반 중생이 근기가 익어지면 "그대 마음이 바로 부처요, 천지우주가 산도 있고 풀도 있고 누렇고 푸르고 한다 하더라도 누르고 푸른 것은 중생의 관점에서 누르고 푸른 것이지 바로 보면 그것도 역시 부처, 불성佛性이다"라고 하는 것입니다.

당체즉시當體卽是라, 산이면 산 물이면 물, 또 하나의 티끌이면 티끌 당체當體 그대로 부처입니다. 다만 중생은 잘못 보고 성자는 당체를 그대로 부처로 봅니다. 그것이 가장 고도한 수행법입니다. 그래서 보리방편문菩提方便門은 그와 같이 "우리 마음이 바로 부처"인 것을 조금도 군더더기 없이 표현한 법문입니다. 연원은 제2석가라고 하는 용수보살께서, 또 금타대화상께서 공부하실 때에 선정禪定 가운데서 감득하신 것입니다. 깊은 선정에 들면 과거·현재·미래를 다 보는 것입니다. 그런 가운데 과거의 성자로부터서 감응됩니다. 우리가 라디오나 텔레비전을 보면 라디오파나 텔레비전파를 교신합니다만, 가령 십만년 전에 누가 말했다 하더라도 우리가 포착할 수가 있는 것입니다. 따라서 도인들은 삼매三昧에 들면 몇 천년 전의 일도 미래의 일도 충분히 아는 것입니다.

우리는 어림도 없지만 그런 가능성을 믿어야 하는 것입니다. 이렇게 "부처님은 모두를 다 알고 다 할 수 있다.", 그렇게 믿어야 바른 불교 신앙인 것입니다.

따라서 금타대화상께서 선정 가운데 용수보살에게서 우리가 공부하는 데 있어서 현대에 맞는 가장 고도의 수행법이라고 해서 전수받은 것이 보리방편문입니다.

불교라는 것이 아주 번쇄하고 난해합니다만 참선參禪 공부는 인간의 문명사회에서 가장 고도의 수행법입니다. 이런 수행법을 몇 시간 동안에 윤곽을 잡으려면 어렵게 생각이 되시겠지요. 그러나 들어 두셨다가 나중에 생각해 보시면 감이 좀 잡힐 것입니다.

부처님 수행법의 체계를 가장 잘 세운 분이 중국의 천태지의天台智顗 스님입니다. 천태지의 스님의 『마하지관摩訶止觀』이라는 책은 굉장히 난해합니다. 마하摩訶라는 말은 인도 말로 위대하다는 뜻이지요. 지관止觀은 선정禪定과 지혜를 말하는 것입니다.
'그칠 지止'자 '볼 관觀'자 지관이라는 뜻은 마음의 산란심을 그치는 것입니다. 즉 말하자면 마음을 고요히 하는 것입니다. 뭘 비추어 보는가 하면 우리가 본성을 못 보지만 부처님 말씀에 따라서 우리가 비추어 보는 것입니다.

불성佛性이라는 것은 결국은 불생불멸不生不滅이라, 낳지도 않고 죽지도 않고 영생합니다. 그런 불성 가운데는 물질적인 질료는 아무것도 없고 시간성·공간성을 초월했습니다. 또 그 가운데는 일체 존재의 모든 가능을 갖춘 하나의 광명光明으로 차 있습니다.

우리 중생은 이런 부처님 말씀을 볼 수는 없다 하더라도 물리학적인 지식을 동원하면 어느 정도 납득이 갑니다. 그러니까 항시 학교에서 배우신 물리학적인 지식을 상기하시기 바랍니다. 물리학이나 수학 같은 지식이 우리가 철학할 때도 필요한 것인데 저는 원래 수학을 잘 못해서 철학서를 보면 막혀서 이따금 답답한 때가 있습니다만 확실히 물리학적인 소양은 현대적인 의미에서는 굉장히 필요합니다.

어쨌든 과학이라는 것이 물리학이라 하는 하나의 이론과학의 체계 위에 서 있어서 지금 과학시대에는 물리학을 모르면 아주 불편합니다. 물리학도 일체의 물질을 파괴하면 결국은 나중에 에너지라는 광명만 남는 것을 증명을 합니다. 입자의 파동설, 입자설 말입니다. 전자란 무엇인가, 전자를 가장 극소화시키면 하나의 광립자입니다. 그것은 하나의 광명체입니다. 우주에는 그런 광립자가 충만해 있습니다.

따라서 우주란 것은 물질을 분석하고 분석하면 우주에 빈틈도 없이 광립자로 충만해 있습니다. 우주의 어디나 다 소립자로 충만해 있습니다. 그와 같이 안다고 생각할 때에 부처님께서 "우주가 불성뿐이다. 부처님뿐이다"라고 하신 말씀도 우리가 물리학적 관점으로 비추어 본다고 할 때 거짓말이 아니겠구나, 이렇게 짐작할 수가 있습니다.

그래서 부처님 경전 가운데서 양적으로 가장 많은 것이 '제법공諸法空' 사상입니다. 이른바 『금강경金剛經』 같은 도리를 부처님께서 22년 동안이나 되풀이해서 말씀하셨습니다. 우리 같은 사람도 "모두가 허망하고 꿈이요 허깨비요"를 몇 번 들으면 듣기가 싫어지지만 중생들이 잘 못 알아들으니까 20년간이나 말씀하셨습니다. 일초의 몇 만분의 일 동안도 이 몸뚱아리가 그대로 있지 않습니다. 그걸 모르니까 이 몸뚱아리가 고유하다고 보는 중생들에게 "허깨비같다 꿈같다"고 해도 못 알아듣습니다.

『육조단경六祖壇經』에도 '본래무일물本來無一物'이라, 본래 아무 '물物'도 없다. 천지우주가 물질로 꽉 차 있는데 "아무것도 없다"고 합니다. 어째서 없는 것인가, 이것도 역시 물리학을 공부한 사람들은 그냥 생각이 됩니다. 물질은 에너지고, 에너지는 파동뿐이니 말입니다. 물질이 아닌, 질료가 없는 즉 공간성이 없는 에너지가 파동에 따라서 하나의 물질로 보입니다.

우리가 횃불을 빙빙 돌리면 불덩어리가 됩니다. 그러나 불덩어리가 있는 것처럼 보입니다. 즉 말하자면 사람도 세포가 합해지니까, 사람 몸뚱아리로 보이는 것입니다.

가장 미세한 원자를 생각해 놓고 보십시오. 원자는 원자핵을 중심으로 해서 전자가 돕니다. 어떠한 존재나 모두가 다 원자로 구성되어 있는 것인데 전자 몇 개가 도느냐에 따라 산소·수소의 차이가 있습니다. 원자핵에 전자가 하나 돌면 그것이 수소 아닙니까. 그런데 원자핵과 바깥에 도는 전자 사이는 텅 비어 있습니다.

그런 원자핵과 전자의 사이와 태양과 지구와의 사이도 텅텅 비어 있습니다. 그런데 그런 비율이 태양하고 지구와의 공간의 비율 보다도 원자핵과 전자와의 거리가 더 비어 있습니다. 모든 물질은 근원적으로 원자의 핵과 전자의 사이가 텅텅 비어 있습니다. 또는 원자와 다른 원자 사이도 텅텅 비어 있습니다. 그렇게 비어 있는 것이 모여서 우리 몸도 구성하고 물질도 구성했습니다.

그래서 부처님께서는 우리 몸을 '빌 공空'자 '모일 취聚'자 '공취空聚'라 합니다. 공취라, 텅 빈 공무더기입니다. 텅 빈 공이 모여서 우리 세포가 되었습니다. 근본인 원자가 비었거니 원자 핵은 무엇인가, 핵도 에너지가 도는 하나의 파동에 불과합니다. 전자 역시 에너지의 파동에 불과합니다.

그렇기 때문에 사실은 물질이 되었다 하더라도 그 속은 다 에너지뿐입니다. 근본 본질을 본다고 생각할 때는 중생이 되고 뭣이 되고 했더라도 본바탕에서 보면 모두 부처뿐입니다.

이렇게 텅 빈 것인데 그 몸뚱아리가 텅 빈 줄을 모르니까 부처님께서 22년 동안이나 『금강경』 같은 경전에 아상我相도 없고, 인상人相

도 없고, 그 "상相이 없다"는 말을 하신 것입니다. 잘났다 못났다, 네가 있고 내가 있고, 개가 있고 소가 있고 그런 것이 다 상입니다. 상이 없는 것이 불佛이고 도인이고 성자고, 상이 있으면 범부凡夫고 중생衆生입니다. 간단명료합니다. 상이 없으면 성자이자 부처이고, 상이 있으면 범부요 중생입니다.

우리가 관조觀照할 때에 뭘 비추어 보는가 하면, 사람들이 아직 미숙할 때는 "태양을 보라"고 하고, "서쪽으로 뉘엿뉘엿 지는 황혼을 보라"고 하고, 이렇게 "영롱한 물을 보라"고 합니다. 영롱한 물을 보면 우리 혼탁한 마음이 차근차근 맑아지겠지요. 그렇게 장엄스러운 태양이 석양으로 져가니까 자꾸 보다보면 마음이 맑아지겠지요.

조금 더 올라가면 그리운 부처님을, 예수님을 우리가 봅니다. 마리아상도 보고, 부처님 상도 보고 그렇게 하면 우리 마음이 모아집니다. 이렇게 해서 현상을 보고서 관조하는 그런 법을 지도했지만, 가장 고도한 현상의 실상實相은 "모양이 없고, 순수한 생명뿐이다.", 이렇게 순수한 생명을 인정할 정도가 되면 오로지 불심佛心만 남습니다. 천지우주는 불성佛性뿐이란 말입니다.

'지관止觀'이란 우리 마음을 무슨 경계에 놓고서 비추어 보는 것인데, 그런 것 가운데서도 가장 위대하니까 마하지관摩訶止觀이라 하는 것입니다. 우리 마음을 에누리가 없이 불성 그 자리에 둡니다. 그것은 천태지의 선사가 부처님 일대시교一代時教를 하나로 묶는 가장 고도한 수행법입니다.

마하지관은 어려워서 지금 사람들은 보려고도 하지 않습니다. 마하지관에서 하는 수행법하고 보리방편문에서 하는 수행법하고 비슷비슷합니다. 제가 생각할 때에는 이 보리방편문이 훨씬 더 우수한 것 같습니다. 마하지관은 우리 마음을 바로 '공空'이요 '가假'요 '중中'이요 그렇게 봅니다. 우리 마음으로 보는 모든 인식이 텅 비었습니다. 중생은 실존을 못봅니다. 물物 자체를 못 보기 때문에 우리가 보는 것은 사실이 아닙니다. 따라서 "모든 것이 다 비었다" 하는 것이 공입니다.

그 다음에는 '거짓 가假', 텅 비었다 하더라도 아무것도 없는 공이 아니라 무엇인가 일체 존재가 이루어지는 일체의 '가'를 다 포함하고 있습니다.

그 다음에는 '가운데 중中'자, 중 이것은 공과 가를 다 포함하고 있습니다. 공도 아니고, 가도 아니고, 색色도 아닙니다. 그와 같이 다 포함하면 '중도中道'입니다.

천태지의 선사의 마하지관은 이것만 가지고도 굉장히 난해한 법문입니다. 그래서 깊이는 안 들어갑니다만 보리방편문도 약간 비슷합니다. 공·가·중, 이것은 불성을 의미화해서 보기 때문에 생명적인 역동성이 별로 없습니다. 그러나 거기에 비해서 방편문은 생명을 화석화하지 않고서 그대로 공부하는 법이기 때문에 더 우수하다는 말씀을 할 수가 있는 것입니다. 보리방편문의 체계를 말씀드리도록 하겠습니다.

이 보리방편문의 구성을 보면 "마음이 바로 부처"임을 잘 설파했습니다. 부처님 법문 가운데서 가장 고도한 법문이 '심즉시불心卽是佛'이라, "마음이 바로 부처"라는 말씀입니다.

그러면 "지금 이 좁은 마음이 어떻게 해서 부처일 것인가?", 그냥 그렇게 회의를 합니다만 이것은 우리 마음의 표면에 불과합니다. 우리가 쓰는 "나요 너요, 또는 좋다 궂다" 하는 그 마음은 빙산의 일각에 불과하고 우리 마음의 저변은 무한대로 우주를 감싸고 있습니다. 김씨라는 사람 마음도 역시 천지우주를 감싸고 있고, 박씨라는 사람 마음도 역시 천지우주를 감싸고 있습니다. 시공을 초월한 것이 마음이기 때문에 무장무애無障無礙라, 박씨 마음이나 김씨 마음이나 모두가 똑같이 천지우주를 감싸고 있습니다. 그러나 우리의 갇혀 있는 마음을 우리가 잘 느껴야 합니다. 그 마음은 '아我'에 갇혀 있는데 이 마음을 해방시켜서 본래 마음자리로 환원을 시켜야 하는데, 이것이 불교입니다.

비유를 들자면 태양의 체體는 청정법신淸淨法身 비로자나불毘盧遮那

佛에 해당하고 태양광선, 태양광명은 원만보신圓滿報身 노사나불盧舍那佛에 해당하고 태양의 그림자는 천백억화신千百億化身 석가모니불釋迦牟尼佛에 해당합니다. 이와 같이 하나의 물질이 아니고서 우주에 충만해 있는 텅 빈 공이라 하는 것이고, 또 공 가운데 일체 존재를 일으킬 수 있는 성품이 거기에 충만해 있으니 성性 그러는 것이고 또 이 자리에서 일체 현상이 나오니까 상相 그러는 것입니다.

천태지의 선사가 말한 공·가·중을 배대하면, 배대가 정확하지는 않지만 비슷합니다. 청정법신 비로자나불은 아미타불阿彌陀佛의 '타陀'에 배대시키고, 원만보신 노사나불은 아미타불의 '미彌'에 배대시키고, 또 일체 존재, 일체 만유를 아미타불의 '아阿'에 배대시켰습니다. 따라서 천백억화신의 상만 따로 있는 것도 아니고, 원만보신의 성만 따로 있는 것도 아닌 것이고, 청정법신의 공만 따로 있지 않습니다.

우리가 불빛을 볼 때 겉으로 보이는 것은 불빛이지만 이 안에는 성과 공이 다 들어 있습니다. 그 반대로 공 가운데도 역시 공만 따로 있는 것이 아니라 성과 상이 동시에 다 있습니다. 따라서 삼위일체三位一體입니다. 법신法身·보신報身·화신化身, 삼신三身이 있다 하더라도 결국은 하나의 부처입니다. 방편적인 의미에서는 아미타불은 저 서방정토 극락세계에 계신다, 이렇게 생각합니다만 제일의적第一義的인, 방편을 떠나버린 해석을 할 때는 천지우주가 바로 아미타불입니다.

그러면 관세음보살은 무엇인가, 천지우주인 아미타불의 자비가 관세음보살입니다. 그러면 문수보살은 무엇인가, 천지우주인 아미타불의 지혜가 문수보살입니다. 그렇게 부처 이름이 많이 있지만 모두가 뿔뿔이 있지 않습니다. 부처님 공덕이 하도 많아서 하나의 개념으로는 표현을 못하니까 공덕 따라서 그때그때 이름이 붙습니다. 예를 들어 중생의 병고를 다스릴 때는 약사여래藥師如來라 하고 하늘에 있는 각 성수星宿를 다스릴 때는 치성광여래熾盛光如來·칠원성군七元星君이라 합니다. 그러나 모두가 결국은 부처님의 화신인 것입니다.

결국은 "마음이 바로 부처"인데 마음은 무엇인가, 달마대사의 『관심론觀心論』에 보면 마음을 맨 처음부터서 풀이했습니다. 마음은 기묘한 것이어서 우리가 생각할 때에는 별것도 아닌데 마음을 파고 들어가면 의식意識이요, 말나식末那識이요, 아뢰야식阿賴耶識이요, 암마라식菴摩羅識으로 결국은 부처가 되어 버립니다. 어떠한 것이나 결국은 들어가면 다 부처가 되어 버립니다. 산이요, 내(川)요, 티끌이요, 또 원소요, 소립자요, 결국은 마음이 되어 버립니다.

그래서 『화엄경』을 보면 우주란 것은 종從으로 횡橫으로 얽히고 설키고 딱 묶여 있습니다. 우주가 하나의 생명덩어리인 것입니다. 하나의 생명덩어리인데 나만 잘 살고 남이 못 살면 균형이 깨집니다. 균형이 깨지면 무슨 소리가 나옵니다. 그래서 우리가 천지우주의 도리에 맞게 살면 되는데 우리 중생은 겉만 보고, 모양만 보고 자기 몸뚱아리가 자기 것도 아닌데 돈이고 권력이고 무엇이든 자기 것이라고 생각합니다.

그래서 불경佛經에서는 부처를 중생의 근기에 따라서 말씀합니다. 보리菩提·도道·열반涅槃·법성法性·실상實相·여래如來·주인공主人公·본래면목本來面目·진여眞如·극락極樂으로 표현하지만 모두가 결국은 부처의 별명에 불과합니다. 이명동의異名同意라, 이름은 다르고 뜻은 같습니다. 그래서 불경을 보다가 이렇게 나오고 저렇게 나오고 하면 무엇이 무엇인지 모르는데 결국 따지고 보면 불성을 말하고 있습니다.

불교는 어떤 때는 현상만 가지고 상相만 말한 법문도 있고, 어떤 법문은 성性만 말한 법문도 있고, 어떤 법문은 체體만 말한 법문도 있고하니까 중생이 상만 말한 법문을 보다 보면 성과 체는 잘 모릅니다. 그래서 옛날 소박할 때는 그렇게라도 통할 수가 있었으나 현대는 그렇게 치우친 불교 해석을 하면 잘 통할 수가 없습니다.

부처님 법문은 그때그때 시대에 맞게 한 법문이기 때문에 현대는 이것저것 다 종합적으로 하지 않으면 안 되는 것입니다. 따라서 같은 수행법도 "몸이라는 것은 더럽다", "모두는 다 비었다", 이렇게 생각하는 공부는 사실은 중생들이 실감할 수가 없습니다. 이렇게만 생각하면 우리는 허무를 느낍니다. 지금은 별것이 아니지만, 우리 마음의 저변은 부처이기 때문에 부처님 가르침같이 고도한 법문이 아니면 우리 마음이 안정을 못 취하고 항시 불안합니다. 있다 해도 불안하고, 또는 텅 비었다 해도 불안하고 "전부가 다 부처다.", 이렇게 되어야 이것이 본래의 성품이기 때문에 마음이 맑아지고 풍요해집니다.

따라서 우리 마음이 가장 풍요한 행법行法, 또는 현상이나 실상이나 모두를 종합적으로 수렴한 법문이 천태지의 선사의 법문같은 것입니다. 이 법문은 우주만유를 하나의 도리로 딱 통달해 버립니다. 이렇게 되면 우리가 체험은 미처 못했다 하더라도 마음이 개운한 것입니다. 죽어도 죽지 않고, 아파도 우리 불성은 아프지 않고, 아프다가도 우리가 불성을 생각하면 그렇게 아프지도 않습니다. 이런 불성자리에다 마음 두고 사는 것이 우리 불교인의 생활입니다.

염불도 부처와 하나가 되기 위해서, 우리가 본래 부처니까 앞을 보나 뒤를 보나 위를 보나 아래를 보나 결국은 다 부처뿐인 것이니까 부처를 안 떠나기 위해서 하는 것입니다. 그러니까 옛날에는 방편염불로 "저만치 밖에서 부처님을 부르면 우리한테 와서 가피加被를 준다.", 이렇게 생각했지만 사실 원래 염불이라는 것은 그런 것이 아닙니다. 바로 앞을 보나 뒤를 보나 이것 보나 저것 보나 "모두가 부처다.", 이렇게 염불해야 합니다.

심心은 허공虛空과 등等할새; 마음은 허공과 같습니다. 우리 마음은 허공과 같습니다. 허공이 어떤 제한도 없고 어떤 장애도 없듯이, 우리 마음은 사실은 장애가 없는 것인데 중생이 '나'라는 장애,

'너'라는 장애, 그런 상에 걸려 있습니다. "마음은 허공과 등할새"라는 실존을 그대로 말한 법문으로 해서 우리가 탁 털어 버려야 하는 것입니다.

　　편운척영片雲隻影**이 무**無**한 광대무변**廣大無邊**의 허공적**虛空的 **심계**心界**를 관**觀**하면서;** 조각구름이라든가 조그마한 그림자도 없는 넓고 크고 또는 가없는 허공같은 마음 세계를 관찰해야 합니다. 우리 마음의 본바탕은 이와 같이 끝도 가도 없는 광대무변한 허공 같은 세계입니다.

　　청정법신淸淨法身**인달하야 비로자나불**毘盧遮那佛**을 염념**念念**하고;** 허공이 텅 비어 있는 끝도 가도 없는 그런 공간으로 그치는 것이 아니라 하나의 생명이기 때문에 청정법신입니다. 오염도 없고 청정한 법신 비로자나불입니다. 끝도 가도 없이 훤히 비어 있는 생명이란 뜻입니다. 끝도 가도 없이 훤히 비어 있는 광대무변한 하나의 생명체, 이것이 청정법신 비로자나불입니다.

　　차此 **허공적**虛空的 **심계**心界**에 초일월**超日月**의 금색광명**金色光明**을 대**帶**한;** 이와 같이 끝도 가도 없는 청정법신 비로자나불의 마음세계가 텅 비어 있는 것이 아니라 달이나 해보다도 훨씬 찬란하고 초월적인 금색광명을 띠고 있습니다. 우리가 물질적으로 보는 그런 광명이 아니라 질료가 아닌 순수한 적광寂光 또는 정광淨光을 말하는 것입니다.

무구無垢의 정수淨水가 충만充滿한 해상적海象的 성해性海를 관觀하면서; 그런 광명을 띠고 있는, 티끌이 없는 조금도 때묻지 않은 청정한 생명수가 충만한 바다와 같은 그야말로 끝도 가도 없는 하나의 광명의 바다를 우리가 관찰합니다.

원만보신圓滿報身인달하야 노사나불盧舍那佛을 염념念念하고; 끝도 가도 없는 광명의 바다도 물리적인 현상이 아니라 역시 생명이기 때문에 부처님 이름이 붙습니다. 모든 가능성, 모든 생명을 생성하고 또는 그런 가능성이 원만히 갖추어져 있기 때문에 원만보신 노사나불입니다. '인달하여'는 접속사 고어에 불과합니다.

내內로 염기염멸念起念滅의 무색중생無色衆生과; 자기 마음 안으로 생각이 일어나고 생각이 없어지는, 우리 관념은 형체가 없기 때문에 "좋다 궂다, 밉다 예쁘다" 하는 추상적인 관념은 형체가 없기 때문에 무색중생인 것입니다.

외外로 일월성수日月星宿 산하대지山河大地 삼라만상森羅萬象의 무정중생無情衆生과; 밖으로 우리 시각으로 보는 해요 달이요 별이요 산이요 내(川)요 대지요 하는 것과 기타 모든 만상의 무정중생과, 즉 아직까지 의식이 미처 발달되지 못한 그런 중생들과

인축人畜 내지乃至 준동함령蠢動含靈의 유정중생有情衆生과의 일체중생一切衆生을; 그런 의식 활동이 있는, 물론 그런 것들은 의식이 아직은 완전히 발달은 못되었다 하더라도 그래도 역시 그것은 5식五識은 있고 5관五官은 있습니다. 사람이나 축생이나 꿈틀거리는 여러 가지의 식이 있는 유정중생과의 일체중생을, 우리 관념인 무색중생, 일반 동물이 아닌 무정중생, 동물인 유정중생 이렇게 합해서 일체중생 그럽니다.

성해무풍性海無風 금파자용金波自涌인 해중구海中漚로 관관觀하면서; 일체 중생을 어떻게 봐야 하는가 하면 그 원만보신 노사나불이라는 참 생명의 바다 즉 말하자면 초일월의 금색광명이 충만해 있는 그런 생명의 바다 위에서 바람도 없지만 '스스로 자自'자 '뛸용涌'자 금색파도가 스스로 뜁니다. 별·산·사람·동물 모두가 다 무엇인가 하면 천지우주의 금색광명이 가득 찬 가운데서 인연 따라서 이렇게 저렇게 나오는데 생명이 마치 금색바다에서 뛰노는 물거품 같습니다. 금파자용은 일체 존재를 모두가 다 끝도 가도 없는 금색광명의 바다 가운데 있는 거품으로 관찰합니다. 사실은 모두가 거품입니다. 창해일속滄海一粟이라, 나도 한도 끝도 없는 바다에 있는 거품이고 산이요 내(川)요 모두가 하나의 점도 못되는 것입니다.

천백억화신千百億化身인달하야 석가모니불釋迦牟尼佛을 염송하고; 사람·동물·무생물, 두두물물 산이요 내요 들이요 별이요 하도 많으니까 천백억화신이라 합니다. 이런 것이 모두가 다 원래 부처님한테 왔습니다. 모두가 다 부처님한테서 온 것입니다. 부처님한테서 왔기에 부처님 성품이 조금도 변질이 없습니다. 다만 중생은 못 봅니다. 바로 보면 산이 되고 사람이 되어도 조금도 변질이 없는 것입니다. 천백억화신인 석가모니불, 석가모니불이라는 것을 좁게 생각할 때는 인도에서 나오신 역사적인 인물인 석가모니불인 것이고, 광범위하게 생각할 때는 천지우주의 모든 존재가 다 석가모니불입니다.

다시 피彼 무량무변無量無邊의 청공심계靑空心界와 정만성해淨滿性海와 구상중생漚相衆生을; 저 무량무변의 청공심계는 비로자나불을 말하는 것입니다. 정만성해는 천지우주의 모든 역량을 갖춘 금색의 바다입니다. 구상중생은 거품같이 일어나는 일체 중생을 말합니다.

공空·성性·상相 일여一如의 일합상一合相으로 통관通觀하면서; 청공심계의 공, 정만성해의 성, 구상중생의 상, 이것이 결국은 셋이 아니라 하나입니다. 하나로 합해서 종합적으로 관찰하면서

삼신일불三神一佛인달하야 아阿(化)·미彌(報)·타陀(法) 불佛을 상념常念하고; 청정법신淸淨法身·원만보신圓滿報身·천백억화신千百億化身의 삼신三身이 결국은 하나의 부처입니다. 하나의 부처인 아미타불阿彌陀佛이라, 아는 화신化身을 의미하고 미는 보신報身을 의미하고 타는 법신法身을 의미합니다. 아미타불을 항상 생각하는 것은 자기가

자기를 생각하고 우주가 우주를 생각하는 것입니다.

　내외생멸상內外生滅相인 **무수중생**無數衆生의 **무상제행**無常諸行을; 자기 마음으로 생각하는 자기 관념이라든가 또는 밖에 보이는 여러 현상들이라든가 또는 내외의 생하고 멸하는, 자기도 죽고 없어지고 또는 일체 존재라는 것은 모두가 다 생生하고 멸滅하고 생하고 멸하며 생사를 거듭합니다. 고요하게 머무르지 않는 행行이란 말입니다. '무상無常'이라, 우리는 무상이란 말을 깊이 새겨야 합니다. 무상이란 말은 어떤 것이나 고유한 존재가 없습니다. 어떤 것이나 어느 순간도 머물지 않습니다. 내 몸 세포나 내 관념이나, 부처라는 관념 외에는 모두가 다 움직이고 경망하기 짝이 없는 원숭이 같습니다.

　심수만경전心隨萬境轉인달하야; 무상제행을, 덧없는 허망한 행위를 어떻게 보느냐 하면 모두가 다 심수만경전이라, '마음 심心'자 '따를 수隨'자, 심수心隨, 마음이 결국 만경萬境에 따라서 구릅니다. 사람이요 별이요 산이요 내(川)요 모두가 다, 결국은 모든 생명체가 인과율因果律 따라서 만 가지 경계로 구른단 말입니다.

　미타彌陀의 **일대행상**一大行相으로 **사유관찰**思惟觀察할지니라; 미타의 미彌는 원만보신 노사나불인 것이고, 타陀는 청정법신 비로자나불입니다. 즉 말하자면 법신과 보신이지요. 현상적으로 제아무리 잘나든 못나든 천지가 다 파괴되어 텅 비어버리든 결국은 모두가 다

미타의 일대 행위입니다. 일대행상으로 생각하고 관찰할지니라.

　그러니까 우주의 모든 역사를 하나의 지혜로 딱 묶은 것입니다. 그렇기 때문에 읽어 보시고 더욱 더 깊이 생각해 보면 우리 마음이 하나로 통일이 되어갈 것입니다. 마음이 산란스러운 것은 이렇게 저렇게 자꾸만 분별시비하니까, 즉 말하자면 우주의 도리가 하나의 진리로 통일이 안될 때는 산란스러운 것입니다. 우리 중생은 미처 못 보고 공자나 석가나 예수나 그런 성자는 분명히 보듯이 우주의 도리는 하나의 것으로 딱 통일이 되는 것입니다. 하나님으로, 부처님으로 통일이 되어 갑니다. 따라서 사실은 우주는 하나님뿐인 것이고 우주는 부처님뿐인 것입니다. 우리 중생은 못 보고, 성자는 항시 하나님하고 같이 살고 있으니까 바이블을 보면 예수도 "내가 말하는 것이 아니라 나한테 있는 하나님이 말한다"라고 말합니다.

　따라서 우리도 무엇을 판단할 때 "부처님 차원에서는 어떻게 볼 것인가"를 한번 생각하고 말도 하고 행동도 해야 하는 것입니다. 파스칼 같은 분은 불교철학과 굉장히 가까운 말을 많이 했습니다. 그 가운데서 "영원의 상 위에서, 영원의 이미지에서 현실을 관찰하라. 그러면 우리 마음은 순간순간 영원에 참여한다"는 말이 있습니다. 영원의 차원에서 현실을 봅니다. 우리가 산기슭에서 본다고 생각할 때에는 시야가 좁지요. 산 중턱에 올라가면 시야가 넓습니다. 산봉우리에 올라가면 사방을 다 봅니다. 그와 같이 영원의 차원, 부처님의 차원,

하나님의 차원에서 봅니다. 파스칼의 철학서를 보면 마치 불경佛經을 보는 기분입니다. "영원의 차원에서 현실을 관찰하라."

이렇게 생각하면 너, 나의 구분이 없는 것이고 이와 같이 공해가 심할 때 함부로 휴지를 버릴 수 없는 것이고 오염을 시킬 수가 없습니다. 산도 살아 있고 물도 살아 있고 나무도 살아 있고 다 살아 있습니다. 나무가 있으면 결국은 목신이 있고, 또 집이 있으면 집을 지키는 택신이 있고, 산이 있으면 산신이 있고, 물이 있으면 용왕이 있는 것입니다. 중생은 겉만 보고 속의 생명은 못 봅니다. 그리스 때라든가, 로마 때라든가, 또는 동양의 고대라든가, 바라문교나 "일체만유 一切萬有에 다 신이 들어 있다. 일체만유가 다 생명체다." 이런 교훈들이 약간 표현만 다른 것이지 사실은 모두 하나를 말씀했습니다.

이 시간에 다른 것은 잘 못 외우셔도 '타성일편打成一片'이라는 말씀은 꼭 외워 두십시오. 타성일편이라, '때릴 타打'자 '이룰 성成'자 '한 일一'자 '조각 편片'자 우주를 하나의 체계로 딱 묶어버립니다. 하나로 묶으면 굉장히 속편한 것입니다.

화두話頭란 것도 '무無'자가 있고 '이뭣고?'가 있고 많이 있습니다만, 결국은 모두를 하나의 체계로 묶어버려야 합니다. 하나로 묶으면 마음이 텅 비어서 시원스럽습니다. 하나의 체계로 묶은 다음에 우리가 하나가 되기 위해서 공부해야 합니다.

보리방편문을 잘 외우십시오. 한 번 외우면 한 번 외우신 이상으로 "아! 정말로 내 마음이 부처구나. 내 마음 속에는 이와 같이 참 무량한 공덕功德이 있구나." 이렇게 생각이 드실 것입니다. 그러면 좁은 마음이, 자기라는 옹색하고 폐쇄된 마음이 해방됩니다. 불교란 것은 해탈解脫이라, 마음을 해방시키는 것입니다. 물질에 얽매이고, 자리에 얽매이고, 관념에 얽매이고 그러한 것을 우리가 다 파헤치고서 풀어버리는 것이 해탈이 아니겠습니까.

"천지우주는 오직 마음뿐이다. 부처님뿐이다. 하나의 진리로 다 되어 있다." 이렇게 관념을 해야 하는 것입니다. 이것은 부처님의 말씀인 것입니다. 제 말씀이라면 여러분들이 잘 안들으시겠지만 무수한 도인들이 증명한 말씀입니다. 그렇기 때문에 불교는 진실불허眞實不虛라, 성자의 말씀에는 거짓말이 있을 리가 만무하고, 또 무수한 성자들이 증명했기 때문에 믿으시기 바랍니다. 믿음으로 해서 우리 마음이 그만치 승화가 되는 것입니다. "내 마음이 부처뿐이다", 이렇게 마음을 갖는 순간 사실은 우리가 정화되는 것입니다. 지금 내가 쓰는 내 마음이 내 근본생명이 아니라 "내 생명은 한도 끝도 없다. 내 생명은 모든 가능성을 갖고 있다", 이렇게 한 번 믿는 그 마음이 우리를 굉장히 정화시키는 것입니다.

그렇게 해서 우리가 이치로 알았다 하더라도 이치로만 알면 실감이 덜 하니까, 실존적으로 우리가 우주의 생명과 정말로 하나가 되기 위해서 체험을 해야 합니다.

우리 중생이 쉽게 부처가 되면 좋지만, 금생今生에 나와서 잘못 듣고 잘못 배우고 잘못 생각한 것이 잠재의식에 꽉 차 있습니다. 그러나 자꾸 읽다 보면 자기의 기성 관념이 하나씩 깨져서 완전히 법문 내용과 하나가 되어버리면 깨달아서 확 트일 것입니다.

정말로 우리가 공부해나가면 '인후개통咽喉開通 획감로미獲甘露味'라, 목구멍이 툭 트입니다. 처음에 공부할 때는 답답하고 옹색합니다만 공부하다 보면 그야말로 머리카락에서부터 발끝까지 탁 트여서 어디 막힌 데가 없습니다. 그러면 그런 상쾌한 맛이, 물론 도통까지는 아직 천리만리이지만 우선은 자기 몸이나 마음이 툭 트여서, 어디 막힘도 없고 얽힘도 없는 그런 관념만 가져도 그것이 굉장히 소중합니다. 그런 관념만 가져도 가슴이 시원하고 머리도 시원하고 눈도 시원한 것입니다.

그렇게 되면 혼침昏沈도 없고 더 나아가면 밤을 세워도 눈이 피로하지 않습니다. 인간의 생명은 그렇게 쓰면 쓸수록 더욱더 무시무시한 힘을 내는 것입니다. 우리가 안 쓰면 차근차근 무디어져서 물질에 딱 얽매입니다. 물질에 얽매이면 얽매일수록 몸뚱아리가 더 무겁습니다. 그러나 닦아서 가벼워지면 차근차근 가벼워집니다. 나중에는 이 몸뚱이가 어디에 있는가 분간할 수가 없습니다. 마치 공중에 붕 뜬 모양으로 그렇게 되는 것이니까 정말로 번뇌의 뿌리가 뽑히면 우리 몸이 하늘로 나는 것입니다. 석가모니 부처님 당시나 그 후 위대한 도인들은 비행자재飛行自在 했습니다. 그런 말을 우리는 신화로만

들을 것이 아닙니다. 생각해 보십시오. 원자력 가지고서 별별 재주를 다 부리는 것을 보십시오. 그런 원자력보다 더 고성능 무한성능인 것이 불성인데 무엇을 못하겠습니까.

그러나 비약적으로는 잘 안되는 일입니다. 금생에 나와서 잘못 배우고, 잘못 듣고, 잘못 생각한 것이 다닥다닥 끼어있으니까 자꾸만 그런 기성관념 때문에 막혀 있어서 하나하나 가닥을 풀어야 하는 것입니다. 그렇게 푸는 것이 수행의 단계입니다.

우리 인생이라는 것은 결국은 먼 나그네 길입니다. 성불成佛이라하는 그런 멀고 먼 고향 길을 가는 것입니다. 자빠지고 엎어지고 그때그때 일어나고 하겠습니다만, 결국은 성불이 되어야 하는 것입니다. 따라서 그와 같이 성불로 가려고 생각할 때는 준비가 필요합니다. '자량위資糧位'라, 부처님 법문을 딱 믿고서 우리가 그렇게 되고자 애씁니다. '나'라는 것도 허망하고 '너'라는 것도 허망하고 물질도 허망하고, 이와같이 허망한 것에 대해 자꾸 책도 읽고 생각도 하고 명상도 하고 염불도 합니다.

즉 말하자면 자량資糧은 거기에 따르는 재료를 우리가 준비합니다. 참선도 해보고, 염불도 해보고, 경經도 보고, 경우에 따라서는 고행도 해보고, 하고 싶을 때는 단식도 해보고 말입니다. 이렇게 성불을 하고자 여러 가지 자기한테 맞는 행법行法을 공부합니다.

이렇게 했을 때는 우리 범부보다는 앞서 욕심도 누르려고 해보고 그러는데 그때를 '삼현위三賢位'라 합니다. 성자라는 것은 자기가 억제하지 않더라도 자기가 하는 행동이 모두가 법도에 딱 맞는 것이 성자인 것이고, 현자는 법도에 맞도록 애쓰고 지킵니다. 욕심도 누를 수가 있고, 또는 진심瞋心도 누를 수가 있습니다. 범부는 그것을 못 누르겠지요. 현자라는 것은 아직 성인군자 같은 성자는 미처 못 되었어도 죄악도 안 범하고 애쓰고 어렵게 행합니다.

　그렇게 가다가 '가행위加行位'라, 법문도 확실히 알고 앞서 우리가 공부한 바와 같이 타성일편打成一片이라, "천지우주는 본래에서 본다고 생각할 때에, 본래 청정한 눈으로 본다고 생각할 때는 모두 하나의 불성佛性이다", 이렇게 확신이 서고 결단심을 내서 이래서는 안 되겠구나. 내가 집에서만 해서는 잘 안되겠구나. 사흘이나 일주일이나 오로지 공부를 해야하겠구나.결심하고 하는 공부가 '가행위加行位' 즉 가행정진加行精進입니다. 이따금씩 불심을 생각해도 간 곳이 없이 가버리니까 하다말다 할 것이 아니라, 이것은 일상 생활인 것이고 그래서는 본래 부처인 불심佛心과 하나가 되지 못하니까 우리가 그것을 붙들어 잡기 위해서는 오로지 해야 하기 때문에 사흘이고 며칠이고 그와 같이 공부합니다. 보통 3일, 1주일, 21일, 49일 그렇게 하는 것입니다. 우리 같으면 1년 동안에 3개월씩 그렇게 하지요. 더하면 3년도 안 나갑니다. 그렇게 하다보면 아무리 미련한 사람도 부처님을 찾아보면 부처님과 가까워질 수밖에 없습니다.

이렇게 하면 마음이 시원해집니다. 몸도 시원하고 말입니다. 마치 꼭 전류에 '찌르르' 감전된 것 같이 시원해요. 이렇게 시원하면 사실은 몸의 피로가 순식간에 싹 가시는 것입니다.

이렇게 하다가 그래도 더 합니다. 따라서 '난법煖法'이라. 이런 경계는 했다 말았다 했다 말았다 하면 못 나오는 것입니다. 그러니까 오랫동안 정진을 해야 하는 것입니다. 우리같이 승복을 입었다 하더라도 업장이 많다든가 또는 환경이 나쁘면 몇 년 동안 공부를 한다 하더라도 이런 시원한 경계를 못 본 사람도 있습니다. 아무튼 전류에 감전된 것같이 '찌르르' 전신이 시원합니다.

그런데 거기에서도 쉬지 않고서 더욱 정진해 가면 '정법頂法'이라, 이런데 오면 욕심은 차근차근 줄고 욕계欲界로 해서는 끄트머리까지 올라갑니다. 욕심이 많아서 끄트머리가 아니라 욕심을 떠나면 끄트머리까지 갑니다. 누가 물질을 써도 갖고 싶지도 않고, 음식도 먹으나마나 하는 때가 옵니다. 그때는 몸이 시원하고, 마음이 시원하기 때문에 별로 생각이 없습니다. 시원함과 동시에 어렴풋이 광명光明이 비추어 옵니다. 아주 맑은 달이 줄어지고 커지고 이런 때가 오면 천지우주의 기운이 자기 몸을 향해서 오는 기분입니다. 그러면 자기 이상의 힘도 쓸 수가 있는 것입니다.

이렇게 돼가다가 또 안 쉬고 더 나가면 '인법忍法'이라, 인법까지 오르면 별로 큰 후퇴가 없습니다. 애쓰고 하던 참선이나 기도를 놔버리면 다시 번잡해지고 후퇴하겠지만 그것이 습관성이 되어서 별로 후퇴가 없습니다. 다시 말하면 심월心月이라, '마음 심心'자 '달 월月'자 그럽니다. 그때는 광명 기운이 더 커지고 줄어들고 하면서 우주에 꽉 차버리는 그런 기분이 생깁니다.

이와 같이 되어가다가 그야말로 안 쉬고 더 나아가면 심월광명이 차근차근 금색광명을 띱니다. 이런 단계를 가리켜서 '세제일법世第一法'이라고 합니다. 성자는 다 못 됐다 하더라도 인간세상에서는 가장 높은 법입니다. 세제일법이라, '인간 세世'자, '차례 제第'자, '한 일一'자, '법 법法'자 말입니다. 인간 세상에서는 가장 높은 단계에 있습니다. 맹자나 그런 분들은 이런 단계에 거의 올랐겠지요.

이런 단계를 넘어서 우주가 확 열려서 천지우주의 광명이 자기한테 감득感得이 되고 이른바 광탄만상光吞萬象이라, 천지우주가 광명 속으로 다 들어가 버립니다. 그렇게 돼버려야 참다운 견성오도가 됩니다. 이렇게 되는 것이 성자가 가는 길입니다.

우리 인간이 여기까지 가야 비로소 "내 고향에 왔구나" 하고 안심입명安心立命합니다. 그전에는 항시 불안스러운 것입니다. 여기에서 계속 공부를 해서 나아간다 생각할 때는 계율戒律도 바르고 음식도 함부로 안 먹고 그렇게 나아간다고 할 때에는 순간 찰나에 천지우주가 광명으로 변하면서 '통달위通達位'라, 이 단계가 견성오도입니다.

그러나 그와 같이 되었다 하더라도 공부가 그것으로 끝나는 것이 아닙니다. 그렇게 되었지만 우리 번뇌의 습기, 종자種子가 남아 있습니다. 금생今生에 잘못 배우고, 잘못 듣고, 잘못 느낀 것은 이제 다 사라져버렸다 하더라도 과거 전생에 인간 생명이 과거 무수생 동안에 낳고 죽고, 낳고 죽고를 되풀이 하면서 살생도 하고 또는 남을 배신도 한 것이 우리 잠재의식에는 다 들어 있습니다.

석가모니 같은 분도 과거 전생에는 배신도 하고 살생도 많이 했던 것입니다. 그렇기 때문에 우리가 금생에 나와서 지은 번뇌는 견성오도와 더불어서 다 사라진다 하더라도 과거 전생에 지은 번뇌는 종자가 남아 그놈을 차근차근 빼야 합니다. 우리가 원래 갖추고 있는 불성佛性에는 천안통天眼通도 하고, 천지우주를 다 알 수가 있고, 그야말로 하늘을 날 수도 있는 재주가 다 들어 있습니다. 하지만 그런 종자가 남아 있으면 그런 재주를 못 부립니다. 불성에 갖춰진 공덕을 우리가 못 부립니다.

불경을 보면 욕심의 뿌리만 다 뽑아도 그때는 몸이 하늘을 날 수가 있다는 말이 있습니다. 이런 말씀을 신화와 같이 알지 마십시오. 우리가 공부해보면 차근차근 가벼워집니다. 이것만 본다 하더라도 정말 견성오도해서 참말로 욕심뿌리가 다 뽑아져버리면 우리 몸이란 것이 원래 무게가 없습니다. 우리 중생이 봐서 중력이 있는 것이지 사실은 인력이니 중력이니 모두가 다 중생 차원에서 말한 것입니다.

영원적인 순수에너지 차원에서는 그것이 없습니다.

그래서 우리 번뇌의 종자를 뽑아버리면 이것이 이른바 '수습위修習位'라, "천지우주가 오직 불성뿐이구나", 불성뿐이라는 그 자리에 딱 안주해서 불성을 봤으니까 말입니다. 견성오도 했으면 통달해서 그때는 불성을 확실히 봅니다. '광탄만상光呑萬象'이라, 우주가 광명 속에 다 들어갑니다. 다만 번뇌의 뿌리 때문에 결국은 불성의 공덕을 우리가 제대로 발휘를 못합니다.

그래서 불성에 입각해서 차근차근 닦아나가면 그때는 불성이 보이니까 불성만 보고 있으면 되겠지요. 아미타불이나 관세음보살이나 무엇을 안한다 하더라도 불성이 보이니까 그 자리를 보고 있으면 공부가 나아갑니다. 이렇게 해서 오랫동안 있으면 있던 만큼 흐린 탁수를 가만히 두면 흐린 앙금이 가라앉고서 바닥이 보이듯이 견성오도 見性悟道한 다음에는 가만 있으면, 정定에만 들어가면 차근차근 녹아집니다.

녹아가서 좀 올라가면 2지二地요 3지요 4지요... 더 올라가서 10지에 올라가면 불지佛地요. 올라가서 번뇌가 근본적으로 다 없어지면 석가모니 같은 성불이 되어버립니다. 그래서 원효스님 같은 분들은 견성오도 한 뒤에 8지까지 올라갔다고 하는 것이고, 서산스님 같은 분들은 4지까지 올라갔다고 합니다. 일본의 공해 같은 분은 3지에 올라갔다는 말씀도 있습니다.

'보임수행保任修行'이라, '지킬 보保'자 '맡을 임任'자 즉 말하자면 견성오도한 그 자리를 소중히 지켜야 합니다. 불성을 봤다고 해서 함부로 행동하면 결국은 많이 못 나갑니다.

그러니까 교만심이라는 것이 굉장히 장애인 것입니다. 조금 알면 그것을 좀 풀이해 먹으려고 하고, 또 견성오도 해서 확 트여서 환희심이 충만하면 우쭐해져 결국은 공부도 못 나갑니다. 오로지 신통묘지神通妙智를 다해야 만이 참다운 깨달음입니다. 아직은 광명을 봤다 하더라도 광명 기운을 못 씁니다. 순수한 에너지에 갖추어져 있는 무한한 힘을 못 씁니다. 자꾸 사람 만나고 얘기하면 힘이 빠져버리고 시간도 없어 더 못 나갑니다. 그러니까 공부에 깊이 들어간 사람들은 이리 피하고 저리 피했습니다. 중봉스님은 배에 가 피하고 산에 가 피하고 했습니다. 그러니까 우리가 그런 심정을 짐작할 수가 있습니다.

그렇게 견성오도한 것을 잘 지키고 계행戒行도 잘 지키고 이렇게 잘 가꾸어야지 도인이라고 해서 함부로 먹고 함부로 해버리면 삼매三昧에 못 들어가서 번뇌의 종자를 못 녹입니다. 그리고 자비심 많은 분들은 우선 중생을 교화하고 싶어서 못 올라갑니다. 우선 중생을 가르치기 위해서 말입니다. 그러나 좀 매섭고 지혜가 수승한 사람들은 "중생은 겉으로 봐서 중생인 것이지 바로 보면 부처 아닌가. 내가 먼저 올라가야 쓰겠구나.", 이렇게 올라가고선 올라간 경계에서는 중생을 교화하고 싶은 생각을 갖겠지요.

'구경위究竟位'라, 금생今生에 지은 번뇌, 또는 과거 전생으로부터 우리한테 묻어온 잠재의식 속에 있는 번뇌를 다 뿌리 뽑아서 결국은 우주의 본바탕인 불성과 하나가 됩니다. 이것이 '정각성불正覺成佛'입니다. 이렇게 해서 인격 완성이 되는 것입니다.

『요한복음서』를 보나, 『마태복음서』를 보나, 공자의 『논어』를 보나, 노자 『도덕경』을 보나, 어떤 경전을 보나 이와 같이 구경지까지 완성을 시키는 방법 체계를 말한 법문은 없습니다. 이렇게 해서 우리 범부가 인격의 가장 최고봉까지 가는 순위를 다 말씀을 드린 셈입니다. 그러나 우리가 금생 내내 못가고 만다 하더라도 우리 목표만은 뚜렷이 세울 수가 있는 것입니다.

목표만 세우면 예수가 골고다언덕 바위 위에서 혼자 있다 하더라도 역시 하나님을 믿어 희망이 있듯이 인간이 재앙의 구렁에 든다 하더라도 역시 불성은 죽지 않고 오염되지 않고 때 묻지 않아 우리가 불성을 생각할 때에는 위안이 되고 행복의 미소를 띨 수가 있습니다.

참선하는 과정도 여러 가지 학설이 있습니다만 석가모니께서 당신이 직접 보리수 밑에서 몸소 행하시고 열반에 드실 때 우리한테 보여주시고, 근본경전인 『아함경』에서 몇십 번 아홉 가지 차서에 대해서 말씀하셨습니다.

맨 처음에 사선근四善根 즉 말하자면 가슴이 시원해지고, 심월心月이 나오고, 심월이 커졌다 적어졌다 하고, 찬란스러운 심일心日이 나오고 이와같이 사선근을 거쳐서 삼매三昧에 들어 견성오도見性悟道하는데, 선정禪定차원으로 보면 '초선정初禪定'에 들어갑니다. 여기에 들어가야 견성오도할 수 있다는 것입니다. 이것은 중복됩니다만 아무튼 초선정이라, 이때는 거친 분별은 다 끊어집니다. 세밀한 분별만 남습니다.

그렇게 되었다가 '이선정二禪定'이라, 여기 올라가면 분별은 다 끊어집니다. 거칠거나 미세하거나 관계없이 오직 하나의 마음자리만 지킵니다. 우리 중생은 몸도 다르고 몸 따라서 마음도 다르기 때문에 서로 의견이 다르지만 사실은 이렇게 올라가면 올라갈수록 차근차근 같아집니다. 결국, 올라가면 우리 중생같은 몸이 아니라 모두가 광명신光明身입니다. 우리가 광명光明이기 때문에 몸뚱아리 때문에 서로 피차 싸울 필요가 없습니다. 음식도 먹고 싶은 생각만 있으면 포만되어 많이 먹으려고 다툴 필요가 없습니다. 아무튼 이렇게 올라가면 광명의 몸이기 때문에 하등의 갈등이 없습니다.

그렇게 돼가다가 '삼선정三禪定'이라, 이때는 조금도 마음의 동요가 없습니다. 어떤 경우도 동요가 없습니다. 이러다가 우주가 텅 비어서 광명도 하나의 질료가 있는 광명이 아니라 텅 비어 있는 순수광명인 것입니다. 마음도 우주에 충만해 있고 무소유처無所有處라, 이것이고 저것이고 원융무애한지라 구분할 수가 없습니다. 더 나아가서 비상비비상처非想非非想處라, 생각이 있을 것도 없고 생각이 없을 것도 없습니다. 하도 미세해서 우리 중생이 느끼는 번뇌는 조금도 없고 아주 맑은 생각들이 조금 있습니다.

이렇게 되어 이제 '멸진정滅盡定'이라, '멸할 멸滅'자 '다할 진盡'자 그야말로 번뇌의 찌꺼기를 다 녹여버립니다. 여기까지는 아직 번뇌의 찌꺼기가 조금 남아있습니다만, 올라갈수록 차근차근 근본 번뇌가 녹아져서 완전히 우리 범부라 하는 즉 말하자면 '이생위離生位'라, 너와 나의 차이, 또 사물과 나의 차이, 일체 존재가 모두가 다 하나의 불성으로 해서 완전히 통일이 됩니다. 이렇게 되어야 비로소 참다운 정각성불正覺成佛이 되는 것입니다.

보조국사 어록에 '돈오점수頓悟漸修'와 '정혜쌍수定慧雙修'라는 말이 나옵니다. 문득 깨닫는 것이 돈오頓悟지요. "문득 무엇을 깨달은 것인가.", 이것은 앞서도 얘기 했습니다만 우리 중생이 본다고 생각할 때는 천 갈래, 만 갈래 구분되어있다 하더라도 모두가 하나의 진리로 딱 통일이 되어버립니다. 이른바 타성일편打成一片, 천지가 하나의 진리로 타성일편되어버리는 것을 가리켜서 돈오라고 하는 것입니다. 증명은 아직 멀었지만 말입니다.

돈오를 높은 차원으로 보는 분도 있습니다. 그것도 논쟁이 심하나

우선은 역사적으로 본다고 생각할 때는 보조국사는 돈오를 불경의 체體와 용用, 성性과 상相 모두를 둘로 보지 않았습니다. 색즉공色卽空, 공즉색空卽色으로 천지우주 모두를 하나의 진리로, 하나의 체계로 딱 묶어버립니다.

점수漸修는 '점점 점漸'자 '닦을 수修'자, 하나의 진리가 됐다 하더라도 이론적으로 아는 것이지 사실 체험을 다 못했으니까 체험하기 위해서 점차로 닦는 것입니다. 그러면 '"어떠한 방법으로 우리가 돈오를 점수할 것인가.", 그런 방법에 여러 가지가 있습니다.

지금 한국이나 일본도 참선參禪하는 법이나 공부하는 선방을 보면 여러 갈래가 있습니다. 즉 말하자면 화두話頭라는 하나의 문제의식을 주어서 그 문제를 애쓰고 풉니다. "이것이 무엇인가?" 의심을 풀어감에 따라 마음을 모읍니다. 의심이라는 것도 따지고 보면 결국은 "하나란 무엇인가?", "부처란 무엇인가?", "본래면목本來面目이 무엇인가?"에 관한 것입니다. 화두를 잘못 의심하면 하나의 것을 놓쳐버리고 상대적인 문제만을 의심해 공부가 안 됩니다. 괜히 끙끙 앓아서 상기만 됩니다. 그래서 화두를 들 때는 반드시 하나의 진리, 본분사本分事, 본래면목 그 자리를 안 놓쳐야만 참다운 공부가 됩니다. 하나의 진리, 본분사에 마음을 집중시켜서 의심을 하다보면 그때는 차근차근 녹아갑니다. 그렇게 해서 참구參究하는 선법禪法은 우리 조계종같은 임제종이지요.

원불교라든가 일본 조동종은 묵조선黙照禪이라, "우리가 본래 부처인데 새상스럽게 무슨 의심을 할 필요가 있을 것인가. 천지우주가 부처인 줄 알았으면 그 자리를 지키고 공부하면 되는 것이지 새삼스럽게 뭣 때문에 의심을 할 것인가 해서 가만히 있으면 탁수가 앙금이 가라앉으면 바닥이 보이듯이, 부처가 될 것인데 의심하면 괜히 마음만 더 소란스럽지 않겠는가" 해서 잠자코 무념무상으로 비춰봅니다. "본래부처인지라, 가만히 있으면 부처한테 가겠지.", 이것도 충분히 설득력 있는 방법인 것입니다.

중국의 송나라때 화두선話頭禪으로 화두話頭를 의심하는 선법도 있었고, 그와 동시에 거기에 대립해서 묵조黙照하는 방법도 있었습니다. 자기 문중에서 하는 공부는 좋아 보이고, 다른 문중에서 하는 것은 배격하기도 하고, 또 행법行法이란 것도 자기가 무슨 행법을 취하면 모두가 다 성불의 법인지라 거기서도 재미가 붙습니다. 가령 화두도 하다보면 결국은 마음이 모아지고 개운해지고 공부가 되어 가면 재미가 붙겠지요. 재미가 붙으면 "자기가 하는 공부만 재미가 붙고 딴 방법은 별것도 아니다.", 이렇게 우리가 폄하하기가 쉽습니다.

그러나 어떤 것이나 부처님께서나 도인들이 말씀한 법문들은 모두가 다 성불하는 법이기 때문에 애쓰고 하면 공부는 다 되는 것입니다. 주문을 하나 염불을 하나 공부는 다 되는 것인데 하나만 많이 해놓으면 그것만 옳다고 고집을 하다 한 종파가 생기는 것입니다.

일본은 묵조선이라, 잠자코 무념무상하는 종파로 조동종인데 굉장히 큽니다. 한 종파지만 불교대학이 몇 개나 있습니다.

또 한 파는 "'기왕이면 화두를 들 것이 아니라 부처님의 이름으로 해야 하겠구나" 해서 아미타불이나 관음보살이나 부처님의 명호로 화두를 합니다. 이것을 염불선念佛禪이라 합니다.

한국도 서산대사, 사명대사, 진묵대사, 태고대사, 나옹대사, 연기대사 그런 분들은 염불을 화두보다 더 많이 말씀했습니다. 이른바 화두도 말씀은 했으나 그런 정평있는 도인들은 절대로 한 법에 치우치지 않았습니다. 우리는 그것을 알아야 합니다.

천지우주가 다 불성佛性이거니, 또는 부처님법이 모두 다 성불成佛의 법이거니 어떻게 하나만 옳고 다른 것은 그르다고 하겠습니까. 천지우주로 봐서는 하나하나의 법도 따지고 보면 그야말로 버릴 것도 하나도 없고 취할 것도 하나도 없는 것입니다. 다 불성이니까 말입니다. 안도 없고 밖도 없습니다.

우리 마음을 본래의 자리, 본체의 자리에다가 딱 머물게 하면 참선參禪인 것입니다. 이렇게 쉽게 외워 두십시오. "참선은 저 고도한 사람들이 하고, 염불은 저만치 밑의 사람들이 한다.", 이렇게 생각합니다. 절대 그렇지 않은 것입니다. 우리가 참선을 한다 하더라도 괜히 상대적인 문제, 그런 문제를 따지고 있으면 선이 못됩니다. 본체를 떠나서 무슨 선이 되겠습니까.

선시불심禪是佛心이요 교시불어教是佛語라, 선禪은 부처님 마음이요 교教는 부처님 말이라는 구절은 『선가귀감禪家龜鑑』이나 여러 경經에도 많이 나오듯이 제대로 갖춰진 하나의 본체자리, 본래면목本來面目 자리를 우리 마음에서 안 여읠 때는 모두가 다 선입니다. 그러나 어떻게 하든지 간에 '무無'자 화두話頭를 드나, "이뭣고?" 화두를 드나 그런 본래면목자리를 떠나면 선이 아닙니다. 이것은 육조스님께서 내 놓으신 『육조단경六祖壇經』을 보면 잘 알 수 있습니다.

자고로 도인들은 절대로 한 법에 치우칠 수가 없습니다. 꼭 한 편만 보는 독선적인 안목 때문에 자기가 하는 방법만 옳다고 하는 것이지 전부를 본다고 생각할 때는 그렇게 치우칠 필요가 없는 것입니다. 그렇기 때문에 우선 서산대사도 『선가귀감』이라, 참선에 대한 귀감을 내놓고 또 『도가귀감道家龜鑑』이라, 도교에 대한 귀감, 『유가귀감儒家龜鑑』이라, 유교에 대한 귀감을 내놨습니다. 어떤 도인들이나 그 시대의 종교를 다 아우르려고 했습니다. 여러분들도 나중에 종교사를 한번 보십시오. 모두가 그 당시의 철학과 종교를 다 합해서 하나의 체계로 묶으려고 노력했습니다.

8·15 해방되고서도 우리 조계종이 보다 더 문호를 넓혔으면 이렇게 한 20종의 종파나 될 리가 없습니다. 꼭 화두가 아니면 선이 아니

라고 옹색하게 하니까 결국은 그 범주에 못 들어가면 다른 종파를 세울 수밖에 없습니다. 부처님 말씀이라도 자기 종파와 안 맞으면 배격합니다.

오늘날 사회는 그런 때가 아닙니다. 따라서 불법佛法도 다 열어야 합니다. 기독교 인구가 다 아시는 바와 같이 10억 인구 아닙니까. 이슬람도 10억입니다. 10억 인구가 믿는다고 생각할 때에는 진리가 아니면 믿을 수가 없습니다. 우리가 기독교를 비판할 때도 바이블도 한 번 연구 해봐야 합니다. 저는 지난 겨울에도 바이블을 다시 한번 봤습니다. 그 전에도 제가 여러 번 봤지만 『요한복음서』나, 『마태복음서』나, 『누가복음서』나 중요한 대목을 보면 불교와 차이가 없습니다.

상징적인 비유는 차이가 있다 하더라도 우리는 남을 이해할 때에 그 말과 상징과 비유를 떠나서 "알맹이가 무엇인가?", 그 뜻을 알아야 합니다. 우리가 생각할 때는 차이가 없습니다. 물론 부처님같이 완전무결한 체계는 없습니다. 예수님은 겨우 2년 반 동안밖에 교화를 못했습니다. 나이도 30대 아닙니까. 우리 석가모니께서는 공부도 많이 하시고, 또 왕자 출신이고 49년 설법이고 원숙할 대로 원숙해서 체계가 잡혀 있습니다.

따라서 그런 지혜로 본다고 할 때는 비교가 안 되나 근본정신, 인류 사해동포를 보는 정신, 이웃을 사랑하고 원수를 원수같이 보지 않고 원수까지 사랑하는 그 정신 또는 중생을 위해 자기 몸을 십자가에 못 박힐 수 있는 그런 정신은 모두가 같습니다.

누구도 남한테 돌을 던질 자격은 없습니다. 예수님 당시에 풍속으로 간통을 하면 돌로 쳐서 죽였습니다. 그래서 간통한 음부를 데려왔습니다. 그래서 하반신을 묻어 놓고서 돌로 치려고 합니다. 그래 놓고 예수님한테 어떻게 하면 좋겠냐고 하니 그때 예수님이 "그대들 가운데 마음으로 간음하지 않은 사람은 돌로 때려라" 하셨습니다. 우리 범부라는 것은 마음으로 간음을 안 할 수가 없는 것입니다. 아무도 간통한 여인을 돌로 때릴 수가 없었습니다. 그래서 하나둘씩 다 흩어져 버렸습니다. 나중에는 예수님 한 분 남았습니다. "나도 그대를 심판하지 않겠노라" 했습니다.

우리가 바로 본다고 생각할 때는 성자가 아닌 한에는 어떤 누구도 남을 심판하지 못하는 것입니다. 어떤 누구도 정죄定罪하지 못하는 것입니다. 광주민중항쟁을 다 밝혀야 한다고 하지만 우리 중생은 절대로 밝힐 수가 없는 것입니다. 우리 중생 차원에서는 절대로 밝힐 수가 없는 것입니다. 어느 정도 중생이 봐서 때 묻은 것을 끄집어내는 것이지 절대로 바르게 밝히지 못하는 것입니다.

또 그 죄란 무엇인가? 우리 중생이 같이 지은 것입니다. 우리 중생의 공업共業입니다. 강도가 있어도, 강도 아닌 사람도 역시 공범인 것입니다. 저 미국에 하나의 꽃이 피어도 한국에 있는 모두가 다 연관이 있습니다. 그것이 불교의 인과因果입니다.

중중무진重重無盡이라, 돌멩이 하나도 우리가 어깨를 한번 드는 것, 듣는 것, 말하는 것 모두가 다 관계가 있습니다. 우주란 것은 하나의 관계로 얽혀 있습니다. 이것을 중중무진이라 합니다. 미운 놈이 절대로 없습니다. 우리 중생이 잘못 보니까 미운 것입니다.

부처님 진리라는 것은 고차원에서 보는 것입니다. 우선 내가 남한테 따귀 한 대 맞고 내 아들이 어디 가서 죽고 그런 문제가 아니라 부처님 차원에서 죽지도 않고, 또는 나쁘지도 않고, 맞아도 사실은 맞지도 않은 것이고, 내 몸뚱아리가 바로 보면 없거니 누가 때리면 어디 가서 무엇이 남습니까. 그런 불생불멸하고 불구부정하고 그런 자리에서 보고 우리가 용서해야 인간이 비로소 화합합니다.

우리 생명의 길은, 우리가 가야할 길은 명명백백히 무수한 성자들이 다 증명한 길입니다. 이렇게 이 길을 지향해서 일로매진하시기를 바랍니다. 재가 불자님이라 하더라도 무엇을 하시든지 간에 사업을 하신다 하더라도 역시 스스로가 직원을 부처같이 봐야합니다.

6·25전쟁 때 사람들이 마구 죽이고 죽고 하는 그 무시무시한 때에 저는 애쓰고 부처같이 보려고 하니까 이상스럽게 위험한 고비를 잘

넘겼습니다. 난리를 넘기는 가장 슬기로운 지혜가 무엇인가 하면 모든 사람을 부처같이 보는 것입니다. 자비와 덕망이 난리를 이기는 가장 큰 보배입니다. 좋은 아버지, 좋은 어머니, 좋은 스승, 좋은 정치인이 되기 위해서라도 역시 부처님 도리대로 사십시오. 병자를 본다 하더라도 역시 상대편을 부처로 본다고 생각할 때는 더러운 것도 없고, 보다 더 정성스럽게 봐지는 것이고 부처같이 본다고 생각할 때는 부처같이 보는 것이 가장 강력한 파장이 되는 것입니다.

"오! 부처님" 하는 그 말이 우리 몸이나 마음을 굉장히 정화시킵니다. 따라서 상대를 부처같이 보는 그 마음이 상대편의 마음을 정화시키고 우리 불교를 정화시키는 것입니다. 이렇게 해서 우리 일거수일투족이 모두가 다 부처님을 지향하여 우리 시대의 지상명령인 성불을 향해서 일로매진하시기를 간절히 바라면서 오늘 말씀을 마칩니다.

나무아미타불!

1989년 4월 30일 태안사

보리방편문
해설 3

보리방편문
해설 3

    용수龍樹보살께서 저술한 책 가운데서 『보리심론菩提心論』이라는 논장에 공부하는 요체가 많이 설명되어 있습니다만 이 「보리방편문菩提方便門」은 그 논장 가운데서 공부하는 요령을 금타(金陀:1898~1948) 스님께서 간추린 것입니다. 여기 있는 문장도 금타 스님께서 쓰신 문장 그대로입니다. 전체 『금강심론金剛心論』을 낼 때는 저희들이 현대적인 어법을 좀 구사해서 냈습니다만 생각해 보니까 별로 오래된 분도 아닌데 고인들의 문장을 그대로 옮기는 것이 그분들의 생명을 호흡하는 것 같아서 금타 스님 문장 그대로 옮겼습니다.

菩提方便門

    이의 菩提란 覺의 義로서 菩提方便門은 見性悟道의 方便이라 定慧均持의 心을 一境에 住하는 妙訣이니 熟讀了義한 후 寂靜에 處하고 第一節만 寫하야 端坐正視의 壁面에 付하야써 觀而 念之하되 觀의 一相三昧로 見性하고 念의 一行三昧로 悟道함.

阿彌陀佛

心은 虛空과 等할새 片雲隻影이 無한 廣大無邊의 虛空的 心界를 觀하면서 淸淨法身인달하야 毘盧遮那佛을 念하고 此 虛空的 心界에 超日月의 金色光明을 帶한 無垢의 淨水가 充滿한 海象的 性海를 觀하면서 圓滿報身인달하야 盧舍那佛을 念하고 內로 念起念滅의 無色衆生과 外로 日月星宿 山河大地 森羅萬象의 無情衆生과 人畜乃至 蠢動含靈의 有情衆生과의 一切衆生을 性海無風 金波自涌인 海中漚로 觀하면서 千百億化身인달하야 釋迦牟尼佛을 念하고 다시 彼 無量無邊의 淸空心界와 淨滿性海와 漚相衆生을 空·性·相 一如의 一合相으로 通觀하면서 三身一佛인달하야 阿(化)彌(報)陀(法)佛을 常念하고 內外生滅相인 無數衆生의 無常諸行을 心隨萬境轉인달하야 彌陀의 一大行相으로 思惟觀察할지니라.

보리菩提란 깨달음의 뜻으로서 보리방편문은 견성오도見性悟道의 하나의 방편입니다. 정정定과 혜慧를 가지런히 지니는 마음을 한 가지 경계에 머물게 하는 묘한 비결이니 잘 읽어서 뜻을 깨달은 후 고요한 곳에 처하고 제일절만 써서 단정히 앉아 바로 보는 벽면에 붙여서 관觀하고 생각하되 관의 일상삼매一相三昧로 견성見性하고 염念의 일행삼매一行三昧로 오도悟道함이라.

『육조단경』의 일상삼매·일행삼매나 또는 4조대사의 일상삼매·일행삼매와도 상통이 되기 때문에 관심을 가지고 특별히 여기에서 제가 말씀을 드리는 것입니다.

심心은 허공과 등等할새 편운척영片雲隻影이, 조그마한 그림자나 흔적이나 흐림이 없는 광대무변의 허공적 마음 세계를 관찰하면서 청정법신淸淨法身인달하야, '인달하야' 이 말은 '무엇 무엇인'하는 접속사로 고어입니다. 곧 청정법신인 비로자나불을 생각하고 이와 같은 광대무변한 허공적 심계心界에 일월日月보다도 초월한 금색광명을 띤 무구無垢의 정수淨水가, 눈부신 세간적인 금색광명이 아닌 순수한 금색광명을 띠고 있는 티끌이 없는 청정한 물의 성품이 충만한 해상적海象的, 마치 바다와 같은 불성佛性 바다를 관찰하면서 이 자리가 바로 원만보신圓滿報身인 노사나불임을 염하고 자기 마음으로 생각이 일어나고 생각이 멸해지는 무색중생無色衆生과, 불교에서 중생이라 하면 자기 생각 즉 관념도 중생이라 합니다. 다만 모양이 없으니까 무색중생인 것입니다. 밖으로 눈으로 보이는 일월성수日月星宿나 산하대지 삼라만상의 무정중생無情衆生과, 의식이 없이 보이는 중생은 우리 중생 차원에서 무정중생인 것이지 본질적으로 본다면 일체 존재가 다 진여불성의 화신인지라 모두가 다 마음이요 모두가 다 식識이 있는 것이 아니겠습니까. 사람이나 축생이나 내지 꾸물거리면서 식이 있는, 인간같은 6식이 아니라 5식을 말하겠지요. 준동함령의 유정중쟁有情衆生과의 일체 중생을, 광대무변한 불성바다에 갖춰 있는 공덕으로 바람도 없이 금색파도가 스스로 뛰는 마치 바다에서 일어나는 물거품으로 관찰한다는 것입니다.

즉 앞에 든 우리 관념상의 무색중생이나 또는 우리가 밖으로 보이는 해나 달이나 또는 각 별들이나 산하대지나 삼라만상의 무정중생이나 우리 사람이나 축생이나 내지 준동함령의 유정중생이나 이런 것 모두를 어떻게 관찰하는가 하면, 광대무변한 불성바다에 바람도 없이 거기에 갖춰 있는 불성공덕으로 스스로 뛰노는 불성의 물거품으로 관찰한다는 말입니다.

이것이 바로 천백억화신千百億化身인 석가모니불이구나 하고 염念하고, 석가모니불의 명의를 좁게 본다면 역사적인 석가모니 부처님만 화신이겠지만 광범위하게 본질적으로 본다면 두두물물頭頭物物 모든 중생이 다 석가모니 부처님이 되는 화신입니다. 따라서 무색중생이나 또는 무정중생이나 유정중생이 모두가 다 천백억화신이라는 말입니다. 석가모니 부처님과 우리 중생은 조금도 차이가 없습니다. 다만 상에서 볼 때에 석가모니 부처는 깨달은 부처이고 중생은 깨닫지 못한 부처일 뿐입니다.

다시 처음부터서 되풀이하여 저 무량무변의 청공심계靑空心界와, 청정법신 비로자나불인 청정하고 끝도 가도 없이 광대무변하게 비어 있는 마음세계와 정만성해淨滿性海와, 그 가운데 진여불성의 무량공덕의 성품이 가득 차 있는 생명의 바다인 원만보신과 또는 구상중생漚相衆生을, 불성바다에서 인연 따라서 물거품같이 일어나는 것 같은 천백억화신인 구상중생을, 청공심계의 공空, 정만성해인 성품의 바다인 성性, 거기에서 일어나는 일체 중생의 상相이 원래 셋이 아니라 하나인, 합해서 하나의 실상으로 통해서 관찰하면서 이것이 삼신일불三身一佛인, 청정법신이나 원만보신이나 또는 천백억화신이나 이 삼신이 원래 하나의 부처인 아미타불이라고 회통會通해서 항상 끊임없이 관찰하고 생각(念)하고,

부처님 명호는 그때그때 쓰임새의 차이가 있어서 학문적으로 공부할 때는 여러 가지로 갈등을 느낍니다. 아미타불이라 하면 우리가 쉽게 극락세계 교주라고만 생각하기가 쉽습니다만 그것은 상징적으로 하신 말씀인 것이고 가사,『관무량수경觀無量壽經』등에 나와 있는 아미타불은 우주 자체를 말합니다. 따라서 대일여래大日如來 또는 비로자나불毘盧遮那佛이나 같은 뜻입니다.

아미타불을 극락세계의 교주라 할 때도 뜻을 깊이 새기면 극락세계가 따로 있는 것이 아니요, 천지우주가 바로 극락세계인 것입니다. 다만 중생이 번뇌에 가리어 극락세계의 무량공덕을 수용 못하는 것입니다. 이른바 정수正受와 같이, 바르게 여법히 받아들이지 못하니까 더러운 땅인 예토穢土요, 사바세계娑婆世界가 되는 것이지 우리가 정말로 삼독오욕三毒五慾을 다 떼어버리고서 청정한 마음이 된다고 할 때는 정수正受가 되어 이대로 사바세계가 극락세계인 것입니다. 따라서 극락 세계 교주의 아미타불이란 뜻이나 천지우주가 바로 아미타불이란 뜻이나 결국은 같은 뜻인 것입니다.

아미타불阿彌陀佛의 아阿자는 화신을 의미하고 미彌자는 보신을 의미하고 타陀자는 법신을 의미하나니 아미타불 곧, 참 나(眞我)를 생각하고, 마음으로나 밖으로 보이는 모든 현상이나 생하고 멸하는 헤아릴 수 없이 많은 중생의 덧없는 모든 행위를 심수만경전心隨萬境轉이라, 이것도 대승경전에서 자주 나옵니다. 우리 마음이 만 가지 경계로 구른다 곧, 바꿔진다는 말입니다. 마음이라 하는 우주의 실존 생명이 만 가지 인연 따라서 만 가지 경계로 전변한다. 인연 따라 변한다는 말입니다. 그러나 실제 실상인 마음 곧, 불성은 변하지 않겠지요. 다만 상만 나툴 뿐인데 우리 중생은 상만 보고 본성품을 못 보는 것이니까 다르다, 변한다 하는 것이지 본체에서 본다면 변동이 없는 것입니다. 마음이 만 가지 경계에 전변하는 미타彌陀의 일대행상一大行相으로 생각하고 관찰해야 한다는 뜻입니다.

그래서 이 뜻을 보다 더 명확히 하기 위해서 다시 정리를 해봅니다.

보리방편문 전체 뜻을 한마디로 하면 심즉시불心卽是佛, "마음이 바로 부처"인 것을 말씀한 것입니다. 그래서 마음의 본체는 법신法身입니다.

더 구체화시키면 청정법신 비로자나불 즉, 대일여래나 비로자나불이나 같은 뜻입니다. 또 마음의 본체에 갖춰진 무량공덕이 보신報身입니다. 마음이 텅 빈 허무한 마음이 아니라 거기에는 자비나 지혜나 무량공덕이 충만해 있는 것입니다. 무량공덕이 원만보신 노사나불입니다. 그리고 거기에서 인연 따라서 일어나는 별이나 은하계 등 우주나 인간이나 일체 존재는 모두가 다 화신化身입니다. 더 구체적인 이름으로 하도 수가 많고 헤아릴 수 없으니까 천백억화신입니다.

따라서 우리가 석가모니 부처님을 인도에서 나오신 부처님이라고만 좁게 생각하면 그것은 소승적이고, 대승적으로는 일체 존재가 다 석가모니불인 것입니다. 화신의 현상계는 아미타불의 아阿에 해당하고 보신 경계는 현상의 성품이 되니 미彌에 해당하고 화신과 보신이 둘이 아닌 본래 공空한 근본 경계가 법신으로 타陀에 해당하는 것입니다. 그래서 삼신일불三身一佛, 한 부처인 아미타불입니다.

그리고 부처님의 명호는 중생을 교화하는 인연 따라 그 공덕에 들어 맞게 이름이 지어졌습니다. 여래如來라, 곧 진리 그대로 왔다. 진여眞如라, 진리 그대로다. 또 진리에서 오고 진리로 돌아가기 때문에 여래여거如來如去라 하는 것입니다.

진리는 그대로 있지만 사람은 자기 무명 따라 스스로 업을 지어 스스로 받을 뿐입니다. 진여도 진리 그대로라는 말입니다. 진여를 줄여서 여如라는 말만으로도 진리를 표현합니다. 이렇듯 올바른 것이 진리요, 또는 일체 존재의 근본성품이니까 법성法性이요, 또는 불성佛性이라, 또는 실상實相이라 하는데 이른바 우주 만유의 실존實存이라는 말입니다.

실존철학도 "우주의 실상이 무엇인가? 나의 본래가 무엇인가?"를 탐구하는 철학 아니겠습니까. 따라서 키에르케고르나 하이데거나 또는 야스퍼스의 철학을 보면 시각의 차이는 있으나 실존을 알려고 애도 쓰고 방불하게 실존의 윤곽을 말하기도 했습니다.

또는 보리菩提라 또는 도道라, 대아大我라 합니다. 중생은 소아 또는 속아俗我입니다. 속된 아我란 말입니다. 또는 진아라, 열반이라 또는 극락이라 또는 오직 하나의 일의제一意諦 즉 일물一物이라고도 합니다. "이것이 무엇인고" 할 때는 결국 이 자리를 구하는 것 아니겠습니까? 중도中道 또는 깨달음의 각覺, 바로 이것을 주인공主人公이라고도 합니다.

이렇게 법신·보신·화신도 원래 셋이 아닌 것입니다. 근본 체성體性은 법신이고 근본체의 성공덕性功德인 자비나 지혜 등 무량공덕은 보신이고 법계연기法界緣起라, 법계에 갖춰진 성공덕이 인연 따라 이루어지는 일체 존재가 화신입니다. 따라서 법신·보신·화신은 셋이 아니기 때문에 삼신일불三身一佛입니다.

그래서 이 보리방편문 같은 공부 방식은 우리 자성自性이 바로 부처임을 밝힌 법문이기 때문에 이른바 자성선自性禪이라고 이름 붙인 경론도 있습니다. 어느 선禪이나 다 부처를 또는 자성을 근본으로 하기 때문에 사실은 본질적으로는 똑같은 것입니다. 다만 어떻게 해야 빨리 마음을 통일시킬 것인가? 하는 것이 가장 어려운 문제 아닙니까. 이렇게 해보고 저렇게 해보고 우리가 몸부림치는 것도 다 마음이 통일이 안되고 산란심과 혼침昏沈이 제거되지 않기 때문 아니겠습니까. 혼침과 산란심을 어떻게 빨리 없앨 것인가? 하는 문제는 우리 수행자에게 있어서 가장 중요한 문제입니다. 부처님의 경전을 보면 거의가 다 어떻게 산란심을 제거하고 혼침을 막는가에 역점을 두고 있습니다. 우선 음식에 대한 계율을 보더라도 모두가 다 우리가 혼침을 덜 내게 하는 데에다 초점을 두고 말씀하셨습니다. 가사 많이 먹거나 짜게 먹으면 분명히 혼침은 더 옵니다. 계율에 대해서는 다시 언급을 하겠습니다만 아무튼 혼침과 도거掉擧 문제는 깊은 관심을 두고 싸워서 극복해야 할 문제입니다.

따라서 산란심을 제거하려면 자기 수행법에 대해서 스스로가 환희심을 가지고 느껴야 하는 것입니다. 싫증나는 문제를 억지로 하라면 잘 안되는 것입니다. 그렇게 때문에 부처님 수행법 가운데 구분한 것을 보면 수신문隨信門과 수법문隨法門이 있습니다. 믿음을 주로 하는 문이 있고 또는 부처님이나 조사 스님들이 말하는 어떤 법에 따라서 가사, 관법觀法에서 무슨 관을 한다든가 또는 화두를 든다든가 어떤 법에 따라서 하는 수행법이 수법문입니다. 수신문은 신앙 대상을 생명의 실상으로 확신하고 믿음을 위주로 공부하는 방법이 수신문입니다. 기독교나 이슬람교의 가르침은 수신문에 해당하겠지요. "오! 주여" 하듯이 하나의 신앙 대상에 대해서 전폭적인 신심으로 나가는 것입니다. 그러기에 믿음으로 가는 수신문은 타력문他力門이고 또는 어떤 수행법으로 관조하고 참구해 가는 수법문은 자력문自力門으로서 다 각기 특징이 있습니다.

그러나 하나만 필요하고 다른 것은 필요없다고 하면 또 문제가 생기는 것입니다. 물론 어떻게 하든지 간에 공부 정진에 있어서 한 고비만 넘어서 버리면 자력·타력이 하나가 됩니다만 우리 인간 자체가 원래 믿는 정서도 필요하고 지혜도 필요한 것이기 때문에 한 가지에만 치우쳐 버리면 오래 감내堪耐를 잘 못합니다. 중간에 하기 싫지 않게 나가려면 우리 인간성에 본래 갖춰진 믿음도, 참구하는 지혜도 가지런히 함께 나가야 되는 것입니다.

그러기에 우리가 흠모 추구하는 부처님은 바로 생명 자체요, 나 또한 생명이요, 본래면목도 역시 생명이기 때문에 일체 존재가 바로 생명인지라 부처란 바로 생명의 실상이며 내 생명의 본질이라고 생각할 때는 저절로 자기 고향같이 그리운 생각이 드는 것입니다. 그렇게 내 생명의 본질이라고 생각하여 흠모하고 연모하며 염불하는 마음이 밑받침되어 있어야 어떤 공부를 하든지 싫증이 나지 않습니다.

그런데 사선정법四禪定法에도 말씀이 나옵니다만 『아함경阿含經』에서 보면 석존께서 보리수하에서 성도하실 때도 사선정, 멸진정滅盡定을 닦아서 대각大覺을 성취했습니다. 또 열반드실 때에도 역시 멸진정을 거쳐서 사선정의 삼매에서 열반에 드셨습니다. 그리고 아라한도 초선初禪 2선 3선 4선을 거쳐 멸진정에서 아라한도를 성취한다고 여러 군데에 나와 있습니다. 그리고 달마스님께서 중국에 오시기 전까지는 대체로 선이라 하면 사선정·멸진정 법을 닦았습니다.

그러면 달마스님 뒤에는 필요가 없는 것인가? 하는 것이 문제가 됩니다. 그러나 근본불교根本佛教가 필요가 없다면 마땅히 사선정·멸진정이 필요가 없어 폐기를 해야겠지요. 그러나 근본불교도 필요하다면 사선정·멸진정을 꼭 참고해야 합니다. 왜냐하면 근기가 수승해서 범부가 비약적으로 멸진정에 들어가면 모르겠지만 보통은 그렇게 되지 않고 성불까지의 과정에 수많은 경계가 우리를 산란하게 하는 것입니다. 경계에 따라 기분이 좋은 때와 나쁜 때가 있어서 좋은 경계에는 집착해서 얽매이고 나쁘면 나쁜대로 또 벗어나려고 얽매이는 것입니다. 참선할 때에 무서운 것이 나와서 유혹도 하고 공포심을 준다면 우리는 그놈 떼려고 몸부림치고 애를 씁니다만 그럴수록 도리어 더 달라붙습니다. 따라서 그때그때 경계를 대치對治해 나가고 부정否定해 가는 법을 알아야 하는 것입니다. 그런 삼매의 과정을 설명한 것이 사선정·멸진정이기 때문에 반드시 닦아야 할 삼매법입니다

우리 범부가 견성오도見性悟道하는 직전에 들어가는 선근의 경계가 무간정無間定인데, 무간정까지 갔다 하더라도 기분이 너무 황홀하니까 만심慢心을 부리기가 쉽습니다. "이만치 되었으니 사회에 나가

서 중생제도하면 되겠지, 불경이나 법의 해석도 척척 되니 이것이 바로 견성이겠지!" 하고는 닦지 않아 버리면 결국은 그대로 범부로 끝나 버리지요. 아만심이나 자의식이 과잉한 사람들은 견성을 핑계 삼아 도인라고 행세를 하는 것입니다. 아는 것은 무던히 아니까 도인같이 보이기도 하겠지요. 그러면 대망언大妄言를 죄를 짓게 됩니다.

따라서 단박에 깨닫는 분도 있겠지만 그와 같이 단박에 쉽게 되는 것이 아니기 때문에 공부하는 방법이 자기 마음에 들어야 환희심을 내고 환희심을 내야 피로가 안 생기고 몸에 병도 안 생기는 것입니다. 싫어하면서 억지로 하면 꼭 병이 되고 맙니다. 그래서 항시 우리 마음의 바닥에서는 훤히 빛나는, 행복도 자비도 지혜도 모든 것을 다 갖춘 그 자리, 눈만 뜨면 바로 나올 수 있는 자리, 나한테 본래 갖춘 그 자리를 한사코 여의지 않아야 합니다. 다만 우리 번뇌 망상 때문에 가려져 있는 것인데. 번뇌 망상을 대별하면 이른바 혼침과 도거입니다. 따라서 우리는 분별시비 망상하는 도거나 또는 꾸벅꾸벅 혼침해 버리는 동안은 결국은 우리가 죽는 시간입니다.

그래서 그걸 없애기 위해서 우리가 최선의 힘을 다해야 합니다. 그러기 위해서 감성적感性的으로 예술적인 능력도 있고 그런 소질이 많은 사람들은 역시 부처님을 생명적으로 그리움 쪽으로 참구하는 수신행隨信行이 훨씬 더 적성에 맞을 것이고 또는 자력적으로 "내가 본래 부처인데 어디에 무얼 의지할 것인가?", 이렇게 성격상 아주 강직

하고 이지적理智的인 분들은 수법행隨法行의 수행법을 참구하는 것도 좋을 것입니다. 또는 감성적이고 예술적인 유연심柔軟心이 더 강하다 하더라도 본래 지혜도 갖추고 있는 것이기 때문에 전적으로 감성적인 쪽만 구해서는 싫증을 내는 것이므로 지혜로 참구參究하는 방법도 참고로 해서 보완을 시키는 것이고, 또는 강강剛剛해서 자력적인 분도 부처님을 생명으로 추구해서 어느 때는 법당에서 절도 많이 해보고 해제解制 때는 기도를 모셔보는 그런 것이 필요한 것입니다.

우리는 꼭 염불만 해야 한다거나 죽도록까지 꼭 화두만 해야 한다고 집착하지 말고 화두나 염불이나 진여불성 그 자리를 밝히는 것이니까, 자기 적성과 인연에 따라서 정진하면 공부에 싫증이 안 나고 우리 마음이 정혜균등定慧均等해서 깊은 삼매 경계를 성취할 수가 있을 것입니다.

1993년 2월 태안사